Antología de Poetas por la Paz Mundial.

Poetas Internacionales por la Paz

QM Editorial

Copyright: ©QM-Editorial.
Diseño de Portada: © GeliCreations.
Maquetación: Ángeles Martínez Soler
Angels.martinez@gmail.com

Primera Edición
Mayo 2019

ISBN: 978-1-943680-49-8

QM Editorial.
Jesús Quintana Aguilarte

EIN: 46-2472728
Elkhorn W - 53121
EE. UU

www.editorialqm.com
qmeditorial@gmail.com
jqaamerica2012@gmail.com

Agradecimientos y Dedicatoria.

Agradecemos a todos los autores, poetas y poetisas que han hecho realidad La primera Antología de Poetas por la Paz Mundial.

Reunir en este libro, las biografías y los poemas de varias de las luminarias del quehacer literario de nuestro siglo, los que más nos han orgullecido y representado no fue una tarea fácil.

Agradecemos en especial el trabajo de María Herrera (Mamihega) por el entusiasmo y la ardua labor de contactar a la mayoría de los autores presentes, a los Creadores de Portales como Milagros Chiliberti por SVAI, Fay, por El Castillo Mágico, y Felita Mila por La Alborada, estas ocupadas mujeres dieron su autorización para poder colocar nuestra Convocatoria en sus respectivos portales.

Y finalmente a la Sra. Àngels Martínez, Gerente de la Editorial QM y su representante en España, su trabajo es el más difícil, ya que es la jefa de diseño gráfico y dirige la parte económica de la Cía., así como los contactos con las librerías virtuales, los sitios Webs y las compañías de Distribución, a todos ellos nuestro agradecimiento.

Jesús Quintana Aguilarte.
QM-Editorial.
Gerente General.

Prólogo

Ese sentimiento indestructible purificando el corazón de cada poeta, cada día más latente, cada día más ardiente, es el motor que nos impulsa a unir letras, este sentimiento infinito de generosidad motiva a escribir por la paz. En un mundo donde la humanidad no sabe hacia dónde va, se visibiliza muy poco el amor, se venera al que más que aniquila a sus hermanos, donde un héroe es aquel que provoca el hambre y derramamiento de sangre y no lo son esas personas que, con sus pequeñas pero diarias y buenas acciones dan de comer a los niños y ancianos de la calle, que respeta la flora y la fauna y respeta su vida y la de toda raza.

El mundo puede mejorar si trabajamos cada día no solo por nuestras propias necesidades sino dejando huellas significativas para los demás. En un mundo falto de amor, el arte se vuelve la mejor herramienta de trabajo, se vuelve bendita siembra de reflexión, es cada verso acunado en la bondad, en la necesidad de aportar una semilla fructífera en el camino hacia la paz mundial, así, nació esta antología uniendo poetas de diferentes partes del mundo.

Las mariposas revoloteaban con insistencia en el viento de los sueños; tratando de incursionar en el viaje de la ilusión, hasta que un buen día luego de bregar con todo el empeño; se presenta esta antología, recopilación de poesías creadas por poetas afamados de varios países del mundo, que a través de sus inspiraciones expresan la magia de sus emociones, dejando a perpetuidad el amor, la amistad, admiración, el dolor y todas las emociones que aparecieron en su debido momento y que hoy presentamos para dejar con todo gusto y cariño para ustedes como legado para la posteridad.

El amor, el desamor, el desengaño, la naturaleza y la muerte han sido reflejados subjetivamente en una nutrida gama de lirismo literario.

La presente antología reúne textos poéticos concebidos en versos de diferentes calibres, desde las formas tradicionales más elaboradas, hasta aquellas en las cuales el arte se transforma en una conmovedora expresión de libertad total, donde el ritmo interior converge y da elevación al lector.

El significado de este repertorio implica valores universales y cosmopolitas, porque recoge con orgullo inspiraciones elevadas a sentimientos digeribles por lectores de cualquier latitud mundial. Y es ese, precisamente el propósito humanista de cualquier obra cultural del siglo XXI; y cuando se trata de poesía, implica expresión sensorial, y su tránsito creativo es un exquisito recorrido en busca de la iluminación.

María Herrera.
Delegada al Congreso
De Maestras por la Paz.

Abel Barrios.

Abel Barrios más conocido por su seudónimo literario "Séptymus" nació en Cd. Mante Tame. México el 15 de octubre de 1962, trabaja actualmente en la Secretaría de Desarrollo y Bienestar Social del Gobierno Municipal de Matamoros y Coordinador en la Subdelegación Regional de Programas de Desarrollo del Gobierno Federal.

Entre sus actividades literarias:
Coautor del libro: Mundos Extraños. Antología de Cuentos Fantásticos, Colaborador del programa de radio "Milagros en Reflexión" de Argentina., Diversas publicaciones en el portal del Museo de la Palabra de España, el cual le otorga un reconocimiento y lo nombra Embajador del idioma español en México.

Publicaciones en los periódicos:
El Bravo y El Contacto de Matamoros, Tam. Mx. Colaborador de las revistas Sucesos de Matamoros y Sucesos de Tamaulipas.
Participaciones en la radio W1420 y W fm.

Mi sueño de Paz

Al ver al humano inventar guerras,
y negociar con el sufrimiento,
mi sueño de paz vagabundea,
transmigra por rutas de suspiros,
traspasa fronteras del dolor,
incluso cruza desiertos de angustia,
navega ríos de fatalidad
y naufraga en mares de soledad.

Al ver al humano matar a su hermano,
me crecen silencios en las manos vacías,
sin letras, sin acordes, sin lienzos,
me invaden follajes de incomprensión,
cual hojas secas de un agónico otoño,
aniquilan desiertos de desilusión a mi corazón.

Pero al final, mi sueño de Paz triunfa,
sobrevuela cielos de esperanza
y lucho por ella desde mi trinchera literaria,
intrépida y solidaria.

Manifiesto por la Paz

Invoco a musas, duendes, unicornios, hadas, para que rescaten el amor, la inspiración, la fe y la esperanza, que han sido raptados por tiranos. Luego vayan y depositen todo en la tinta, en la pluma, en la mano, en la mente, en el alma y en cada poro de la piel poetisas y poetas.

Y a ustedes, artistas literarios los convoco a luchar poéticamente. Introdúzcanse en los discursos de dictadores, en líderes de las naciones, a la que pertenecen y cámbienlos, escriban lo que les dicta el corazón para que viva o reviva la paz.

Preparen a nuevas generaciones de escritores, sigan soñando, sigan construyendo y sigan creando nuevos mundos fantásticos.

Letristas, no hay más tiempo, ustedes tienen un compromiso social con el resto de la humanidad, salgan del anonimato y zona de confort,

CAMBIEN LA HISTORIA.

Atentamente: Yahvé

Dos décimas por la Paz

Si te vas, ¿quién salva la paz?
me dijo la esperanza,
mientras la guerra avanza,
¿quién de cuidarla, es capaz?
sin un argumento rapaz,
la fe, ya reza por ella,
hoy la paz es mi estrella,
es mi patria y bandera,
le doy mi vida entera,
el cielo guiño destella.

Paz, nunca encontraremos
si, nunca la fomentamos,
si, por ella, no luchamos,
ni nunca entenderemos,
espectadores seremos.
Sí hay paz en mi interior,
brindarla es arte mayor,
amigo o enemigo,
con mucho gusto le digo,
dar mi mano, un gran honor.

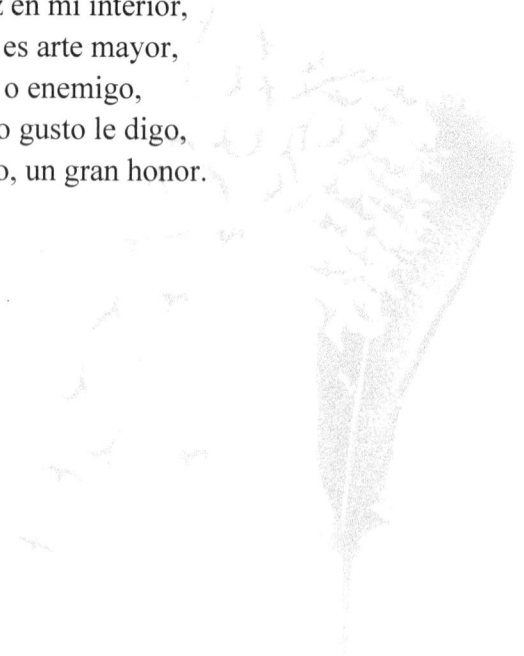

Frontera Sur U.S.A.

Vivo en una binacional región,
entre México y Estados Unidos
los políticos la llaman frontera
y construyen muros sin razón

Atentan contra la comunidad latina,
militarizando el borde divisorio,
imponiendo la fuerza quieren intimidar,
el permanente éxodo migratorio,
convirtiendo la difícil travesía,
en suplicio fatal del purgatorio.

Y dentro de todo este caos,
acá, existimos una gran hermandad,
que pugna por cultura, unidad y paz,
compartimos distintos idiomas,
somos vecinos de buena voluntad,
y nuestras raíces crecen en unidad.

Más, esto declaro con albricias,
una paloma blanca insiste
en traer buenas noticias,
dice que visto desde el cielo,
ninguna frontera, ni división existe.

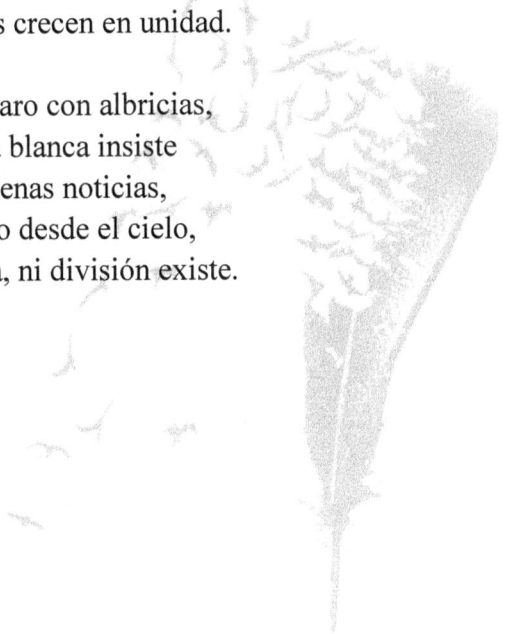

Hugo Mario Bertoldi.

Hugo Mario Bertoldi nació en Resistencia (Chaco), Argentina. Profesor, Escritor, Poeta, Coleccionista y amante de los deportes. Desarrolló a muy temprana edad el amor hacia la escritura. Aunque publica sus textos esporádicamente, siempre escribe y lo hace incursionando en diferentes géneros.

Un escritor comprometido con la Paz, el Amor, la Justicia, la Naturaleza, el Bien Común y todo aquello que motive su espíritu. Creador de "Don Irredento", un personaje gauchesco muy popular y querido que deleita con sus aventuras y osadas apariciones. Miembro de El desván del poeta, La revista de Marcela, La Voz de la Palabra Escrita Internacional, Hispano rama Literario (creado por Purificación Ávila "Alicia Rosell"), Sociedad Venezolana de Arte Internacional.

Reconocido por su participación en muchos retos literarios internacionales. Participó con tres poemas en la Antología Poemas Oceánicos 2011, impresa en San Salvador (El Salvador), diseños del artista plástico Freddy Pacheco, y también en la obra Mil poemas a Neruda (Alfred Asís, Chile), donde se incluye un poema de su autoría.

Soneto de Paz y de Fe

¡Hasta el ave rapaz de Paz se llena
cuando sacia su estómago salvaje,
pero, el rapaz humano, sin coraje,
roba, falto de límites ni pena.!

¡Saquea el inclemente con codicia;
relámase cual gato por su presa,
y en su soberbia, con desdén, confiesa
que tener más y más es su delicia!

¡Alzase un muro enorme entre las gentes
cuando la autoridad se desvirtúa
postergando las cosas más urgentes!

¡Mientras un Nuevo Humano se insinúa,
brillando por las almas indigentes,
la llama del Mahatma continúa!

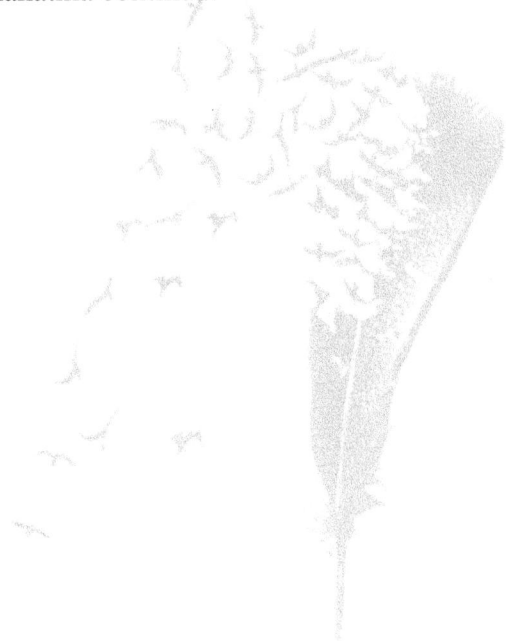

Por la Paz

¡Enola Gay, de una madre es el nombre,
la del piloto que, en aquel vuelo,
ocasionó el desastre y desconsuelo
más repudiable en la historia del Hombre!

La gran capacidad de los humanos
para la destrucción quedó plasmada
en esa espeluznante y gris jornada
donde gritos y ruegos fueron vanos.

Una lluvia de blancos crisantemos
quisiera provocar sobre Hiroshima;
subir al Everest y, en su alta cima,
pondría un gran cartel; su texto: ¡AMEMOS!

¡AMEMOS al hermano y al vecino!
¡AMEMOS a la fauna y a la flora!
¡Sin discriminación, a toda hora,
hagamos del Amor, Canto y Camino!

Quiero

¡Yo quiero amaneceres sin misiles de muerte,
sin cañones, sin tanques, sin balas trazadoras;
que el canto de las aves mis oídos despierten
y se desgranen lentas, como frutas, las horas!

¡Yo quiero ver a niños que juegan escondidas,
riendo alegremente al verse descubiertos,
no niños que se escondan para salvar sus vidas
ni madres sollozando por sus esposos muertos!

¡Quiero que se destruyan totalmente las armas
y el metal se recicle en pacíficas formas;
que ya nunca se oyeran estridentes alarmas
y cumplamos con todas las naturales normas!

¿Quieres acompañarme en esta nueva senda
procurando los cambios que la tierra reclama?
¡Empecemos ya mismo, es ardua la contienda;
si quieres ser amado, tan simplemente, AMA!

Daños colaterales

¡A una velocidad inusitada,
sobre su propio eje imaginario,
nuestro planeta, rota!
¡Mientras, cruelmente desmembrada
por sus propios congéneres,
la especie humana, gime!

¡Un millón de fotógrafos retrata,
cada día, en todos los rincones,
desolación, política, indigencia!
¡En vehículos blindados, con custodia,
van los dueños del odio,
ordenando homicidios anónimos!

¡Tecnología y espionaje mediante,
ultrasecretos nombres (de innombrables)
programan genocidios!
¡En otras coordenadas, no tan lejos,
un artesano crea, una Mujer alumbra, ¡un poeta reclama!
¡Bajo el fuego cruzado de fusiles sin raza
caen niños y madres en dantesca matanza!
¡"What a wonderful world", una niñita canta!

Juan Benito Rodríguez,

Nace en Valencia (España) el 12 de abril de 1962

Es profesor por Lo Rat Penat, Académico de la Academia de Luminiscencia Brasileira, Escritor colegiado, novelista, ensayista, poeta creador de la Rima Jotabé, y codificador de la lengua artificial Valjove.

Ha escrito 22 libros en español y valenciano, entre novela, poesía y ensayo, y ha participado en innumerables antologías.

Tiene los tratamientos sociales de Excelentísimo, Ilustrísimo señor y Mosén.

Posee algunas de las más prestigiosas medallas y condecoraciones, como la Medalla de Oro Europea otorgada por la Agrupación Española de Fomento Europeo. La Medalla Internacional Antorcha Dorada Por la Paz otorgada por el Centro UNESCO para la formación en Derechos Humanos, Ciudadanía Mundial y Cultura de Paz. La Medalla de Oro otorgada por el Foro Cum Laude.

La Laureada Maestro Wilson Fonseca otorgada por la Academia de Luminiscencia Brasileira. Y la Medalla al Mérito Académico otorgada por la Academia Internacional de Ciencias, Tecnología, Educación y Humanidades.

También es poseedor de las Llaves de la Ciudad de Quilanga en Ecuador.

Posee su propio Escudo de Armas.

Pertenece a las más importantes entidades y órdenes a nivel mundial, como el Insigne Capítulo de la Limosna de San Jorge de Caballeros del Centenar de la Pluma, La Militia Templi del Arcángel San Uriel. La Orden de los Caballeros de los Caminos del Cid. La Soberana Orden Imperial Bizantina de Constantino el Grande. La Hermandad Nacional Monárquica de España. El Altar de San Vicente de La Eliana. El Colegio de Escritores de España. De la Agrupación Española de Teatro…

Ha estrenado seis obras de teatro con representaciones en Valencia, Madrid, Xàtiva…

Ha realizado numerosas conferencias y ponencias en diversos lugares del mundo, y en la actualidad está realizando un ciclo de conferencias sobre las órdenes de caballería, militares y hospitalarias en Valencia y Alicante.

Es el presidente de la Orden Poético-Literaria Juan Benito
Tesorero del Patronato de la Real Academia de Cultura Valenciana
Maestre de Jerusalén de la Militia Templi del Arcángel San Uriel
Comendador de la Orden de los Caballeros de los Caminos del Cid

Ha recibido numerosos premios, en número de más de cuarenta, tanto en novela, como en poesía como en teatro.
Ha comisariado cinco exposiciones, tanto de pintura como de fotografía.

Para más información, consultar la biografía completa.

Juan Benito Rodríguez Manzanares

Amigo, defíneme que es la Paz

(Jotabé)

Amigo, defíneme que es la paz.
Le preguntó alguien de forma locuaz.

Y este sin tardar contesto en seguida.
La paz es amor, fe esperanza y vida.
La paz es curar siempre toda herida.
La paz es dar de forma decidida…

Una caricia, un beso, buenos días,
Un abrazo y un millón de alegrías…

Es jamás utilizar un disfraz.
Dando a todos la dicha recibida…
Pensaba amigo que ya lo sabrías.

La Paz en el mundo es lo mejor

(Jotabejo eneasílabo)

Sé que no encuentro la medida,
Amo la paz más que a mí vida.

Es la esencia del mundo entero,
más libre, justo y verdadero,
más, sin tenerla yo me muero
y con toda mi alma la quiero.

Junto a tener un buen amor
La paz del mundo es lo mejor.

Amo la paz más que a mí vida
Y con toda mi alma yo la quiero.
La paz del mundo es lo mejor.

El soldado y el niño

(3 Jotabem)

Un niño al ver un soldado
puso cara de asustado.

Ya que desde que nació
sólo guerra es lo que vio.
La paz nunca conoció.
Qué pena al hombre le dio.

Dejó en el suelo el fusil
y con un gesto gentil

un envoltorio dorado
de su bolsillo sacó
y dio a su amigo infantil

con amor en la mirada
y la piel sucia y gastada.

El niño sonrió contento
dejando volar al viento
en un hermoso momento
digno del más bello cuento

su más hermosa alegría
de infante que no sabía

de la paz, nada de nada.
Y con un tímido aliento
al hombre gracias daría.

El soldado sorprendido
miró al niño agradecido
mientras el dulce comía.

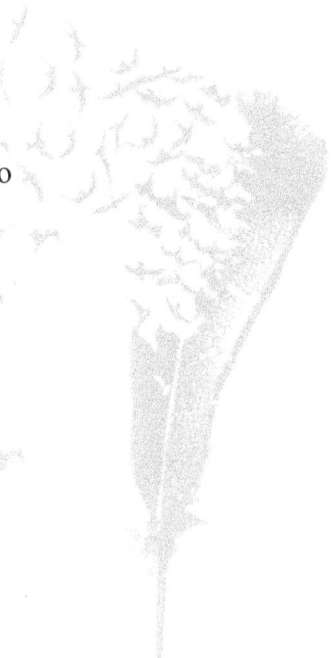

Y en su cara se veía
cómo se iba la agonía
en pro de la fantasía.

Algo al soldado alertó
y al cielo raudo miró.

Cesó el macabro silbido
y una luz inundó el día.
Una explosión los mató.

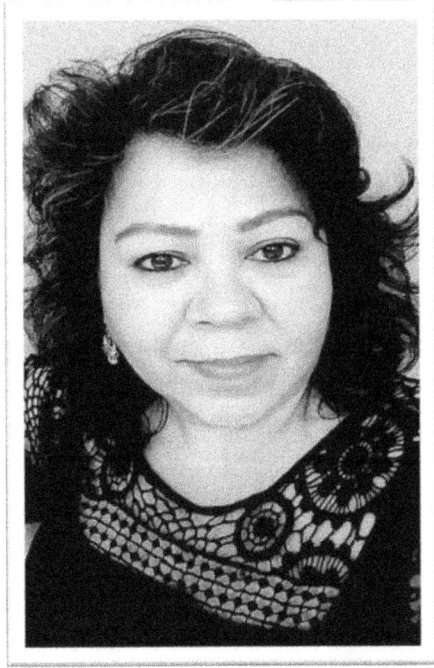

Beatrice Estrada Carbajal.

Beatrice Estrada Carbajal, Originaria de Montebello, CA. Creció en Guadalajara, Jal. México

Escribe desde la adolescencia acerca de la vida diaria y sobre anécdotas personales. Actualmente reside en Phoenix, AZ y ha compartido sus escritos en "Viernes de Bohemia"

Su última presentación fue en Poesía en Voz Alta y en otras bohemias y tertulias en Phoenix, AZ.

Busco Paz...

En la mirada tierna de un niño y en su sonrisa inocente y franca...
En la calma que sigue después de una angustia para no perder la cordura...

En el beso del viento que me acaricia y travieso despeina mi pelo...
En el ayer cuando la inocencia no había sido quebrantada, nada me dolía y la risa era mi travesura favorita...

En la bendición de mi madre cada vez que me voy de su lado.... Y en su abrazo efusivo a mi retorno...

En mis oraciones cada noche, por la salud de mis enfermos, por los niños, por los que están solos o huyen de sí mismos, por los ancianos, por toda la humanidad y sus gobernantes, por ti y por mi... Paz, Paz en nuestras vidas y en nuestros corazones.

En Paz...

Con enojos, gritos, golpes no remedias nada y hieres el corazón de quien te ama...

Con desprecios, enojos, siendo despiadado, crees que tu conciencia estará en paz, ¿podrás dormir tranquilamente como un niño?

Y ese resentimiento guardado en tu corazón, el odio a flor de piel, los malos recuerdos que no puedes desechar.... ¿Te has olvidado de vivir en paz?

¿No sería mejor conversar, sonreír, apreciar cada día, agradecer cada amanecer, reír con las travesuras de tus hijos, ayudar a tus padres, oír el canto de las aves, cantar a todo pulmón, a ser mejor ser y sentir paz en tu corazón?

Esa paz que da alegría, que te ayuda a tener fe y esperanza, a luchar día a día por ser feliz, a pesar de cualquier circunstancia, porque la vida vale la pena, porque estas vivo, porque hoy despertaste y porque tú eres un ser maravilloso y único.... Vive, ama, ríe y llora, pero solo de felicidad... Mereces vivir, ¡¡¡vive en paz!!!

Sin tu amor...

Sin tu amor tengo que aprender a vivir, a seguir adelante y no sabes como duele no tenerte...

Tus palabras se fueron detrás del viento a seguir nuevos amores, a llegar a otros oídos, a plantarse en otros corazones como una vez en el mío...

Y al encontrarme sola en la obscuridad, te veo en mi cielo, eres la única estrella que brilla y me da consuelo, y yo te pido cada noche un deseo...

He de vivir deseando que regreses, que me digas que aún me quieres o he de volverme loca deshojando esperanzas, bebiendo ilusiones que embriaguen mi alma, hasta perder la conciencia y no sufrir más en la desesperanza...

¿O tal vez, mi vida es una fantasía y todo lo vivido contigo ha sido solo un juego que mi imaginación invento para sobrevivir y no morir por tu amor?

¿Recuerdo cuando no hace mucho, en un amanecer me dijiste que me amabas y ahora solo escucho el silencio, el cual habla por ti para decirme que ya no me amas, que me olvide de ti, pero como olvidarte si lo eres todo para mí?

Sin tu amor, vuelven todas mis penas, se aleja mi felicidad y no me resigno a perderte, no estarás a mi lado físicamente, pero nadie, nadie podrá sacarte de mi corazón, ¡ni de mi mente!

¿De qué sirve amarte tanto?

¿De qué sirve amarte tanto, si ya no hay huella de lo que signifique para ti...?

¿De qué sirven todos los besos que he guardado si tus labios han encontrado otro paraíso...?

¿De qué sirve desearte si tus noches las llena otro delirio...?
¿De qué sirve el calor de tus brazos si en mi alma solo hay frio...?

¿De qué sirve nuestro pasado si nuestro futuro es tan incierto y en mi presente ya no existes???

¿De qué sirve la esperanza cuando todo está perdido y ya no sobra nada de todo vivido...?

Y de qué sirve este amor maligno sin la cura de tus besos, sin el roce de tus manos, ¿con las alas rotas y el corazón deshecho...?

José Chávez

Nacido en la ciudad de Metán (Salta), actualmente reside en Salta Capital - Argentina.

Publicó en varias antologías, revistas literarias y en plaquetas colectivas junto a poetas de Metán y zonas aledañas...

Entre sus obras se destacan: Marcha Desocupada (2014) y Canción para Patricia (2018.
2° Premio en el 1° Concurso Internacional "Toda la Poesía Cabe en el Corazón de Aquellos que la Aman" (septiembre de 2014)
3° Mención Especial en el IX Festival Internacional de Poesía en Todas Partes "Palabras en el Mundo" (mayo de 2015)
2° Premio en el 4° Certamen Literario de Poesías "Belleza de Salta" (diciembre 2016)

Desde el año 1997 viene realizando diversas tareas y actividades relacionadas a la literatura y la cultura como la creación de centros y movimientos culturales y poéticos, editoriales independientes y encuentros de escritores.

Hermana Paz

Ñaña Kuse Domo…
Serena,
mira con ojos rasgados…
Dogon uelec lac chiguiñe…
y todo sigue igual.
Se pacifica a los golpes,
llueven lágrimas de fuego…
Arde Siria, la pequeña…
llora petróleo la garganta el Orinoco.
Ya no hay little boy
que queme hasta los huesos,
la muerte llega con vientres hinchados
en mi Chaco de piojos y lombrices.
Munasqetay,
dame una razón para enarbolar tus banderas
en la esquina de la plaza,
cuando ya los rezos han cesado
y solo se escuchan los ayes
de mis oprimidos de cada día.
Paz, hermana paz…
rogui pro nobis…
déjanos en paz.

Apocalipsis

Otoño lerdo
de compases sin rima.
Las puertas de las casas escupen
vísceras ennegrecidas.
Pobres jugando a la guerra,
sin cuarteles ni banderas.
Mandarines sebosos
apretando botones
de destrucción masiva.
Cómo me dueles
planeta de simios,
de orangutanes perversos
cargando fusiles,
de sucias meretrices
salando heridas.
Niños jugando al escondite
en túneles mugrientos
de llantos y muertes prematuras.
Palomas de acero
que quitan la paz,
los dioses se reparten cartas
donde sobran espadas y bastos,
decididos a matar o golpear.

Blitzkrieg (guerra total)

Un Dniéper ensangrentado,
Kosovo en llantos,
torrentes de sangre en Alepo…
la pequeña Venecia ahogada en hambre,
vuelan las cenizas en Guerrero,
bastones prodigiosos
asestando golpes
a la triste Aguas Blancas.
La paz se come las uñas,
huye,
despavorida,
por los senderos de la locura colectiva.
Y las sirenas que ya no cantan,
aúllan,
bajo el nuevo orden,
aúllan,
temerosas de muerte,
aúllan,
tristes, moribundas…
Los hombres
ya no son hombres.
La paz se encierra sola
en la podredumbre de Gulag…

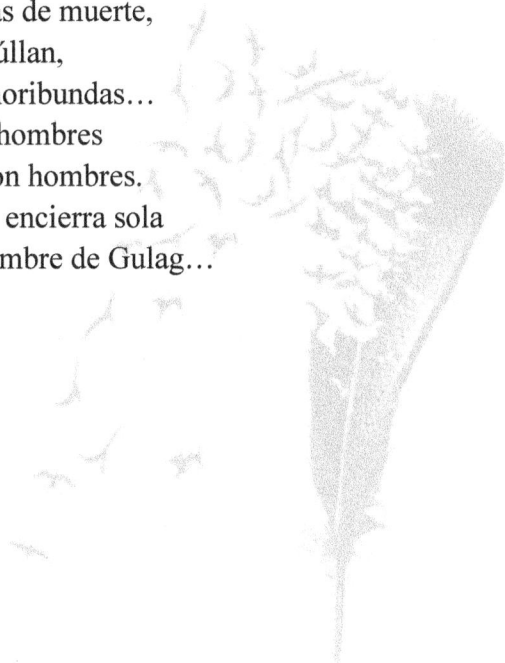

Amal (esperanza)

No todo está perdido,
no…
no, mientras brille el sol
en la vastedad del horizonte,
no, mientras los niños
canten rondas en las plazas,
no, mientras haya puño en alto
y barricadas en la esquina.
No…
mientras haya un poeta
cantando versos de paz…
No todo está perdido,
no…
Nos queda la esperanza
de que el mundo se detenga,
de que alguien grite ¡basta!,
de que las armas disparen flores
y las palomas
ya no arrojen huevos incendiarios.
¿Cuándo nos perdimos?
¿Cuándo las monedas le ganaron al corazón?
No todo está perdido, no,
mientras tú y yo sintamos amor.

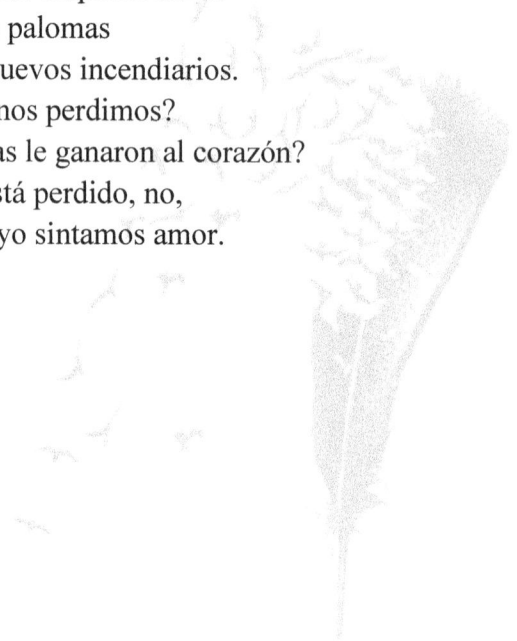

Milagros Hernández Chiliberti.

Nació un 16 de marzo en Altagracia de Orituco, población llanera del Estado Guárico-Venezuela, a los pies del majestuoso y natural pulmón de la Cordillera de la Costa, hija del noble pintor y poeta Miguel Hernández y de la distinguida dama Susana Chiliberti, fundadores de una virtuosa familia de artistas.

A los veinte años de edad obtuvo el título de Profesora en Lenguaje y Literatura, hizo una maestría en Gerencia de Sistemas Educativos y estudios doctorados en Lingüística. En septiembre 2013 recibió un Doctorado en Literatura de WAAC (Academia Mundial de Arte y Cultura)

Trabajó durante tres décadas en la Unidad Educativa Ramón Buenahora de su terruño natal, tiempo durante el cual se destacó como Docente de Aula y Coordinadora de diferentes Departamentos. Es tutora de Proyectos Investigativos Sociológicos, dibujante especialista en rostros y asesora de dibujo en la técnica del carbón y el puntillismo. Actualmente se desempeña como Profesora en la Universidad Simón Rodríguez y en la Universidad Nacional Experimental Libertador. Además, es socia y personal directivo del Colegio Privado Batalla de la Victoria. (Venezuela).

La semilla del beso (Romance)

Nací con Adán y Eva
producto de un gran silencio,
después de una espesa niebla
yo vengo surcando el tiempo,
soy fruto de aquel pecado
pero con amor me entrego.

Surgí sobre el gran torrente
de un Padre de amor y fuego,
y después de haber llorado
mis errores y remiendos,
heme aquí, sobre tu frente,
heme aquí sobre tu pelo,
acariciando los surcos
del mentón y de tu anhelo,
soy mensajero del alba,
soy emisario del viento,
soy gemido y esperanza,
soy visado para el cielo.

Amanecer de nuevo
(Alejandrinos)

Amanecer de nuevo, cuando tu alma me toca,
amanecer de nuevo, en mis tardes y noches,
eres en mi conciencia sensación de reproche
porque miro tu imagen y saboreo tu boca.

Amanecer de nuevo, cuando tu piel provoca,
amanecer de nuevo, cuando el sol ya no llueve
y disfruto en mi cuerpo tus manos que se mueven
y el furor de mi sexo no tiene contraseña,

comienza en la sonrisa de una luna pequeña
que al saber mi secreto, siguiendo mi mirada,
no le importa si muero, se ríe a carcajadas.
y amanece conmigo en mi lecho de amor.

Amanecer de nuevo, cuando siento el calor
de aquello que me cuentas, que me hace conocerte
que penetra, me ultraja y me hace poseerte,
en la piel, en la carne, como antes fuiste cielo,

tu varonil silueta sabe quitarme el velo
para entrar más adentro del ente que razona,
consiguiendo brindar calor a mis hormonas,
para encontrar mi esencia, mi clímax, mi delito.

Yo amo tus virtudes, tu cuerpo necesito;
yo amo tus palabras, por tu gemido muero;
yo amo tu respeto, por tu descaro espero;
yo amo tu franqueza, me mueve tu placer,
pero deseo tu hambre, mi nuevo amanecer.

Cada mitad exacta

(Soneto en alejandrinos con estrambote)

Mientras yo te esperaba, he tejido mi sueño
presentí que cumplías, una humana odisea
te he esperado tras años de aguantar la marea,
sabiendo que mis versos solo tienen un dueño.

Has dado tantas vueltas, luchado con empeño
mientras yo destejía mi tejido de brea;
has vencido fantasmas para que al fin te vea,
nuestro amor se reencuentra y hace el mundo pequeño.

Mi guerrero, mi héroe, mi pasión está intacta
la guardé para ti como amor sublimado
que ahora se desborda y ahora nos impacta.

Te ha esperado mi alma, mi cuerpo te ha aguardado
a través de los tiempos, cada mitad exacta
empalma dulcemente, nos hemos reencontrado.

Compañero soñado
siempre has estado en mí, la realidad espera
por mezclar nuestros besos, yo soy tu compañera.

Ardiente pecado
(Soneto de rima doble)

Tengo inmenso pecado__ te deseo,
sabiendo que tu amor__es imposible,
sueño estar a tu lado__y te poseo,
con lascivia y furor__inaccesible

Así no había soñado__y cuando leo
tus versos, mi señor__indescriptible,
sentí que eras mi amado__y ya me veo
rozando tu calor__es imperdible

Un pecado, un anhelo__una locura
la saeta mortal__me ha rematado
para cortar el velo__en mi figura

Mi piel es vendaval__mi alma un tornado
tus versos son el cielo__una hermosura
y mi amor el aval__de haber pecado

Si el pecado es tal cual__ ya lo he irradiado
a tu piel con señal__ de ardor eterno
disfrutemos del mal__ de nuestro infierno.

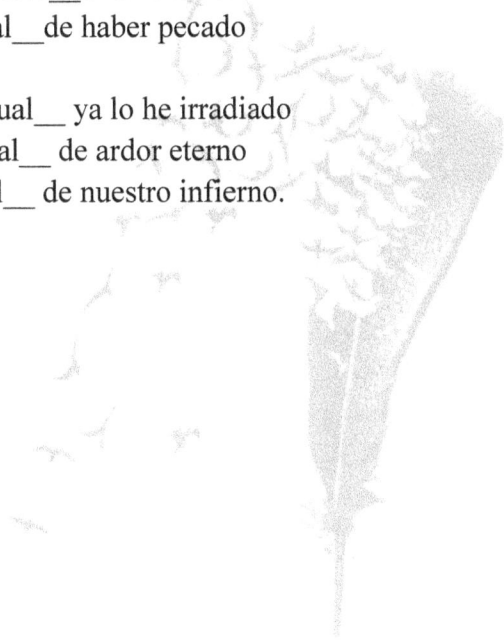

Edith Elvira Colqui Rojas

Edith Elvira Colqui Rojas, poeta peruana nacida en Lima, estudié Lenguaje y Literatura en la Universidad Inca Garcilaso de la Vega y Derecho en la Universidad San Martin De Porres de Lima. Soy locutora de radio Magic España. Moderadora Literaria en Society Literarry (Grupo asiático de Facebook y administradora de otro grupo de Nepal y también tengo mis propia páginas y grupos de poesía en Facebook, (Vivamos en poesía, Poetas Unidos, Niños en Plenitud)

En mi labor docente he realizado teatro, títeres, cuentos, poemas etc. Pero el arte de la poesía me nace desde muy niña. De allí me viene la imaginación, fantasía y creatividad. Las letras siempre han sido mi pasión.

Luego escribía en Mundo Poesía España, versos compartidos, Poematrix, el desván del poeta, Y Unión Hispamundial de Escritores y Sociedad Venezolana de Arte Internacional, Parnassus y finalmente Facebook y Google y en los que recibo numeroso diplomas y reconocimientos en los diversos grupos poéticos

Escribo todo tipo de poesía: amorosa, social, infantil, surrealista, clásica. Hago cuentos, guiones de teatro infantil, canciones etc. Creo en el poder de las letras para dejar un mundo mejor a nuestras próximas generaciones.

Cuando la Paz...

Cuando la paz al fin
se duerma en nuestros corazones,
cuando estalle su grito mudo,
cuando brille su luz incandescente,
entonces sanara la herida,
la sangre
ya no se verá corrida.
Las armas se verán deslucidas,
las lágrimas huirán despavoridas.

Cuando la paz sea el alimento de nuestra mesa
la comamos, la mastiquemos, la engullamos
entonces sabremos vivir descansados.

Cuando sus claros ojos,
se queden en las ventanas de nuestra alma,
entonces sabremos amar.

Cuando la paz
Sea "factum"
y no simples pajaritos
podremos construir
patria, nación, tierra.

Paz guardada
en cofres de almas
generosas
de almas que sienten latir
humanidad en sus poros.

La paz
que no se vende ni compra a punta
de fusiles
La paz que llora por las calles
buscando pañuelitos de consuelo
o un hombre que quiera defenderla.

Cuando la paz venga
esta tierra,
podrá ser, por fin, musa soñada,
manantial de vida plena,
armonía perfecta.

La Paz sea nuestra bandera

La paz sea la bandera
de todos los poetas y artistas comprometidos
con la armonía y felicidad del planeta.
Que hasta los lejanos confines llegue
nuestra voz de lira de Erato despierta.

Que de los versos vuele
la paloma de la paz,
y en alas móviles cante con sus gráciles trinos:

"La paz es una urgencia
de la humanidad armonizada,
basta de lágrimas inútiles mojadas"

Cesen las balas de fuego,
cesen las bombas inclementes;
brille la bondad en la gente,
llueva el perdón y la compasión como nieve,

¡De terror y penas ya la tierra ha tenido suficiente!

El progreso, la tecnología
se mueven sin brazos, ni pies
si no hay paz, armonía y humanidad en el planeta.

Construyamos el muro blanco de la paz,
en nuestra casa, en nuestro vecindario,
en nuestro amado planeta;
¡Vivir hermanados es la meta!

Paz

Paz en la tierra,
paz en tu casa,
paz en tu país,

pax,
peace
Héping...

Que lluevan en los corazones
las banderas de la paz
que cese el odio
y la maldad.

El mundo pide paz, de guerras y muertes está harto ya.
Las noticias, se empañan de muertes
la delincuencia avanza cada día más.

Un país ataca a otro, no le importa la humanidad.
El gigante egoísta piensa que con poder y dinero
todo lo solucionará.

Más no sabe que sin paz, poco o nada disfrutará.
Si no escuchamos a la señora de la paz,
vendrá la muerte y en manto de sangre inerte,
pronto nos cubrirá.

Rondas de Paz

Todos los seres humanos dancemos en rondas de paz;
unamos nuestras manos;
un mundo más fraterno y solidario
sea nuestro ideal.

Giremos en rondas
con perfumes de alegría y bondad;
en rondas que desechen lo gris y lo banal
¡Adiós al odio, adiós a la violencia sin igual!

Giremos en un solo pecho latiendo,
en mariposas de perdón, amor y sinceridad.

¡Qué gire la ronda de la paz!
Que lleve en sus flores
amor por el hermano, por la naturaleza y solaz.

Paz con el hermano y vecino,
Paz con el que piensa distinto.

Solidaridad con el caído,
compasión con el vencido,
respeto por la vida.

Giremos, giremos,
un nuevo mundo celebremos;
en unidad y paz nos alegremos.

Viva la humanidad en cielo de armonía;
llevemos sol de esperanza
en rondas de paz y templanza.

Elías Antonio Almada

Poeta, escritor, investigador, ha publicado en más de 120 antologías (tanto en papel como en e-books) en Argentina, Chile, Bolivia, Perú, Venezuela, México, Nicaragua, Puerto Rico, Guatemala, Uruguay, E.E.U.U. y España, habiendo editado su primer libro "Versos a la vera de la metáfora" por Amazon en agosto de 2017. Reeditado por Del alma Ediciones en 2018.

Miembro de diferentes portales de internet como: Parnassus Patria de Artista, Café Literario y Secretos del Alma además de grupos literarios de Facebook, es además Administrador del Portal de la Sociedad Venezolana de Arte Internacional y Embajador del Día de La Palabra y Del Idioma Español de la Fundación cesar Egido Serrano - Museo de La palabra, Madrid. Presidente Provincial de la Unión Hispano mundial de Escritores y representante provincial de G.E.P.A.N (Grupo de Escritores, Poetas, y Artistas Nacionales)

Amarras morenas

Pierde el hombre su cordura
por el vergel de tu cintura
como amarras tus caderas
enlazan su mirada
se encandilas sus sentimientos
en la luz de tus ojos negros
enmudeciendo las palabras
en el sabor de tu boca
salvaje desatino
el pecado es su destino
por la encendida belleza
de tu figura morena.

Amada poesía

Me pregunto
¿Qué es la poesía?
pienso
en tantas tardes de sol
o noches de insomnio
leyendo a los clásicos
también a los modernos
nóveles y desconocidos
delirando en mis sueños locos de poeta
y escribo
si pudiera responder más allá del texto
de la metáfora
del punto y coma
de las imágenes hecha palabras
eres todo,
eres instante, vestimenta de la vida,
pintura de un adjetivo
sustantivo, verbo y predicado
eres luz,
sueño, esperanza y ocaso,
eres locura y cordura,
eres solo….
y nada más que poesía.

Muñeca

Vendaval trigueño
cae desde el norte de tus pensamientos
iluminando tus hombros
como a la mañana el cielo,
se abren tus ojos
en abanicos de colores
a la sombra de tus parpados
tiernos destellos dulces,
una brisa cálida
pinta la armonía de tu boca
y declara en tu sonrisa
la alegría de la vida.

Poema Down

Escribo letras iguales
para seres iguales
aunque parezcan diferentes,
tiene mis versos de repente
distinta rima
aunque no difieran en punto y coma,
no se aun él porque
de un acento distinguido
si el verbo es el mismo,
será por alguna razón
que no em haga entender
no me sepan comprender,
que pinto los mismos colores
expresando idénticos sentimientos
sin hacer distingo alguno,
y al tiempo de la lectura
no los vean del mismo modo
o lo sientan con distinción,
pueda el hombre razonar
y seguir un solo camino
el que guía el corazón.

María Teresa Di Dio

Nació en Buenos Aires, actualmente reside en Bahía Blanca, Provincia de Buenos Aires, República Argentina. Escritora de cuentos infantiles, Poeta, Artista Plástica, Escultora y Ceramista. Escribe para EnCuentos.com, plataforma de cuentos infantiles.

Posee quince antologías entre ellas, dos "Por la Paz del Mundo", de Poetas del Mundo publicados en Australia que se encuentran en la biblioteca de Camberra. Tiene un libro infantil "Palabra y sus cuentos" publicado y varias antologías de cuentos y poesías "El Mundo Infantil en Rimas'" desde México, En la convocatoria de la ciudad Asociación civil "Piedra Libre" participó en el proyecto "Palomitas Blancas" del centro de atención infantil con el libro editado a beneficio de la entidad "Cuentos para chicos por Grandes".

Fue nombrada en 2014 Embajadora de la Paz desde Francia/Suiza. Colabora con las U.M.E.C.E.P, Unión Mundial de Emprendedores por la Cultura la Ecología y la Paz. Próximo cargo: Directora de Expresiones Culturales para la Prov. de Buenos Aires. Tiene en su haber numerosos premios y diplomas de honor. Colabora con programas literarios.

Rostros de papel

Pequeño rostro de papel
con la expresión dibujada
la fogata débil de tu mente
centella con tus palabras.

Tiembla tu mano extendida
con el hambre incorporado
llora el mundo…es mentira!
hay noches de miedo entre sueños.

La ciudad tiene un esquema trazado
con calles de remordimientos aparentes
autopistas múltiples del tiempo
mientras, muerdes el fruto con sabor a piedra.

Hoy no existe pan en tu mesa
pero tienes paz en tu rostro
ya no hay lágrimas en tus ojos
y un vacío enorme de amor.

Desde el silencio cristalino.
hay un territorio desolado
dónde crece un árbol de polvo
tienes heridas de guerra
por eso…pequeño rostro de papel
tiembla tu mano extendida.

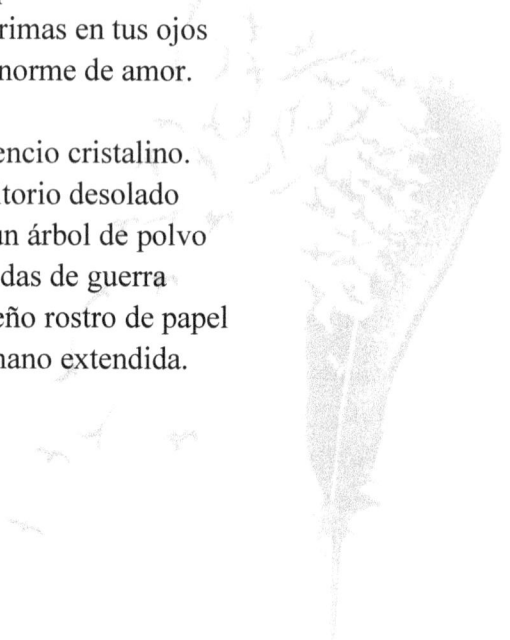

Alma acorazada

Mientras el sol impávido se desgarra a orillas de la borrasca
la tarde incendia de rojo el firmamento
las almas pasajeras se descubren solitarias
en el límite eterno del tiempo.

Cruzan viajeras por sepulcros de piedra
buscando su lugar sobre la tierra
cuando el grito del ave nocturna, altivo hiera la luna
me amarro en la locura y cavo mi fosa.

Me desvelo con la impiedad de los mortales
en la preñez de la vida y el licor del coraje
soy rebelde? Porque busco la antorcha de la sinceridad
con la razón propia de mi destino.

En la mordaza de los que se ocultan de la verdad
combato a los feudales con la piel convertida en coraza
y el hábito de creer en el amor
porque muy adentro aún está mi corazón.

Un cóndor sin fronteras

Aliado entre las cumbres
el cóndor viaja entre los vientos
levanta vuelo sobre las fronteras
sin dejar vestigios de su morada.

Vuela alto, ave altanera
quisiera yo ser cóndor, para ser viajera
en una jugada de mi alma
recurrentes imágenes me invaden.

Entre recuerdos de blanca nieve
en los peñascos, se impone el silencio
rápidamente por el aire cruza
bate las alas cortando el viento.

Va pidiendo a la montaña
que lo acompañe en esta cruzada
mientras los humanos, se debaten en tormentas
pensando que las guerras van a claudicar.

Solitario, avanza en vuelo contra el mundo
invocando al cielo los despojos de la humanidad
cóndor ave altanera, quiero volar alto en busca de paz
quisiera yo ser cóndor, para ser viajera.

Mi testamento

Hoy he captado el vértigo
en la profundidad del silencio
extraños vaivenes me pierden
cuando me sumerjo en la visión tenaz.

Mi cuerpo se extiende en partículas
soy viajera de la vida
llevo un destello entre las manos
buscando circundar el tapial.

Para menguar mi dolor
aflora mi sentencia imparcial
fragmentados todos mis hermanos,
si hoy decidiera morir...

Cerraría mis ojos para no ver
tanta injusticia social
dejaría como testamento,
un enorme campo cultivado,
y....los libros que atesoro
para que guarden su saber.

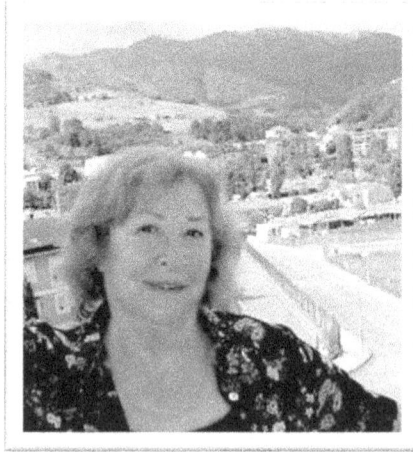

Martha Dora Arias

Nació en Federación E. Ríos R.A. ejerció la docencia en Buenos Aires y otras provincias, Se formó como Psicóloga Social y como Técnico en Planeamiento Educativo con las especialidades Administración y Currículum. Coordinó Jornadas de Creatividad para educadores, en el Teatro San Martín de Bs As.

Publicó ocho libros: Merequete Bum, poemas Infantiles ilustrado por niños, Tatú Carreta, cuentos de Museos. Galería de Personajes Federaenses. Paradojas del Sur Quinquela y El Riachuelo, Ángeles Sin Corbata poemas infantiles. Malvinas para los chicos, para niños y jóvenes presentado en SADE central –mención de honor–, en la Biblioteca Nacional y en la Feria del libro de Bs As 2015. Miembro de Número de la Unión Cultural Americana.

Colaboró muchos años en la Revista Educativa LA OBRA con notas didáctico-pedagógicas y en Antologías diversas, en revistas infantiles, diarios, radios, TV, jurado de concursos, actos públicos. Si debiera elegir nuevamente qué hacer, sería docente sin dudarlo.

Amor secreto
(soneto)

Eres mujer en flor, tierna dulzura
una doncella noble y vulnerable
la misma que en mis noches abordables
apareces vestida de blancura.

Eres en el misterio de la sombra
la guardiana del monte y la espesura
el hada de la fronda que fisura
mi loco corazón cuando te nombra.

Alelíes jazmines margaritas
fusionan su perfume cuando ambos
alentamos caricias en las citas

y entonces la ternura de las cuitas
con celosos acordes de malambo
gimen al eco de tu voz bendita.

C´est fini
(soneto)

Cuando algo muy bueno se termina
penetra un estilete en las arterias
y se ahonda una suerte de miserias
que empuja al corazón a la banquina.

La carcasa del cuerpo con genuino
muestreo de sus males y materia
manifiesta lo mismo que en las ferias
expresa el artesano con inquina.

Cada hueco del alma acongojada
en esa periferia de sentires
se repliega sumisa, desahuciada

comprime los recuerdos y elixires
lamenta la pasión desperdiciada
y deviene en soñar, como escapada.

Soy soldado

El frío me agobia
el hambre me duele
el miedo me aplasta
el amor me puede.

Las balas me rozan
y estoy en Malvinas,
debo defender
hasta el fin, las islas.

Soy un buen soldado
que lucha y camina
y ofrece la vida
por nuestra Argentina.

Creencia

Cuánto gris en el cielo
qué quietud en la fronda,
volaron los jilgueros
y ha partido la alondra.

El silencio en las ramas
anidó con tristeza
huyeron las palomas
y el gorrión con simpleza.

No hay pájaros de amor
ni gorjeos ni trinos
que muestren esplendor
en la copa del pino.

Solo hay peregrinos
con bastones y honor
que han cruzado caminos
suplicando al Señor.

decámetros de paz
para sus corazones
y bolsas de quietud
libradas de jirones
¡singulares bellezas
interiores de luz
que apaciguan el alma
sí oras por la Cruz!

Geyler Hartley Aranda Rafael

Nació en Trujillo-Perú un 26 de Junio de 1992.

No fue hasta que cumplió los 16 años que ha mostrado su talento para la poesía. Ingeniero de Sistemas de profesión. Algunas de sus obras se encuentran en antologías literarias.

Ha participado del segundo encuentro de poetas regionales en la región La Libertad—Perú. Participa activamente en recitales de poesía. Actualmente integra el círculo de poetas de la Universidad Privada César Vallejo de su ciudad.

Entre sus reconocimientos, destacan:

-Primer Premio de Poesía Juegos Florales "Todas las Culturas" – Partido Político APRA (Perú, 2015)
-Finalista Internacional de Rima Jotabé – Organizado por Juan Benito (España, 2019)

Pensamientos sobre la Paz

Aclarando historias de gran valor
y sus finales valiosos de paz
doy vueltas y hallo la única razón
que nos salva de no pelear más.

Noté a la paz arrancarse el puñal
y aquel puñal acarreó feroz
en la guerra, exilio, hambre en general;
quemando todo con paso opresor.

En cambio, cuando cede a la piedad
es una nueva versión del perdón;
porque, ante todo, pienso que la paz
es el esotérico amor de Dios.

Llegando a este claro descubrimiento
puedo confiar que la paz nos mejora,
nos libera del mal, nos da cimientos,
conspira en el bien de cada persona.

Por eso aguardo con mucha paciencia
en que alguno seguro de su suerte
compruebe a ver si es de su preferencia
decir que la paz es vida y no muerte.

No hay pie para ser malo

Sencillamente porque no soy así.
No me cerca la dura terquedad
del odio y su amarre tan infeliz
ni creo ciegamente en su verdad.

¿Y cómo podría tener ahora
esas gentilezas con mi conciencia
si llego a ver cumplida la deshonra
y peor, aparentar inocencia?

Jamás, ni por beneficio siquiera.
Imagino que la maldad acecha
como acelerada e intensa condena,
y siempre provista de tiempo y fecha.

Pero uno, uno que reside tranquilo
hace oídos a los gratos pregones
que han elevado de a pocos su nido,
de fuertes e innumerables pasiones.

Y aunque haga bullicio la multitud
son aullidos lejanos casi mudos
¡qué nadie pretende su prontitud!
¡qué nadie lo desea para el mundo!

¿Y qué es la Paz?

¿Y qué es la paz? – a solas me pregunto
con cierta certeza de mi respuesta.
Había pensado que son asuntos
que totalizan y que, a otros, molesta.

Y me digo a mí mismo que la paz
es una formalidad voluntaria,
una ofrenda para la sociedad
y conciliación extraordinaria.

Y quizá por eso mucho nos cuesta
y nos lleva duramente a enfrentarnos
como si se valiera la propuesta
de la acometida en vez de cuidarnos.

Se diría que la paz escasea
en los pasos de cualquier corazón,
y que mientras la pena forcejea
hay todavía un poco de ilusión.

Seamos Paz

Para que siempre nos amemos
para que el amor nos invada
para ser como queremos
seamos siempre paz imaginada.

Para que Dios nunca nos falte
y haga de nuestros caminos
un bien pese al desplante
seamos paz en el destino.

Para que nuestra familia
se alce en honor a la verdad
y sean dichos de alma limpia
seamos paz y nada más.

María Dolores Suárez Rodríguez
Pero me llaman y conocen como MaríaLoli

Nací en Las Palmas de Gran Canaria- España

Mi interés por la literatura y más por escribir poesías comenzó desde muy niña como entretenimiento, me gustaba rimar palabras en pequeñas poesías, al pasar el tiempo me aficioné a la prosa, escribía largas horas, todo lo que se me ocurría, pensamientos, sueños, fantasías, y así lo seguí haciendo durante muchos años, hoy en día necesito escribir para liberar el alma, pero siempre ha sido a nivel personal e íntimo, hasta encontrar en los foros literarios la oportunidad de expresar en poesías y aprender de los que saben más que yo.
Escribo porque me gusta, y me siento bien con ello

En el 2013 escribí mi primer libro" MAS ALLÁ DE LOS SENTIDOS" con QM Editorial, una satisfacción que siempre llevo conmigo.

Minutos de silencio

Me gustaría escribir el silencio, ese que me cuenta secretos y siempre
tiene hambre de palabras. Hoy el día tiene un solo color,
y también un solo sonido,
el de mi pluma sobre el papel. Me gustaría dibujar este momento,
estos minutos de silencio respetuoso con mis pensamientos
en el que solo se saborean los latidos que renacen mis sueños ….

Voy a escuchar al mar de nuevo
guardo en sus profundidades mis secretos
donde reposan felices las caracolas
con el simple acariciar de su dueño
Burbujas blancas y mañaneras
me salpican, me rocían, me completan
en tiernos susurros que despiertan
mi poesía más altanera

Miro a mi alrededor
ni edificios, ni fuentes, ni calor
solo agua, arena, callaos y sabor
penetran en mi alma evocando al amor
Miro a lo lejos y te vuelvo a encontrar
en el vuelo de una gaviota
que te cuenta de mi amar
y sus alas son de gotas
que me refrescan y me agotan
nublando mi mirar

Miro a mi alrededor
y también a lo lejos
en cualquier centímetro estás
queriendo conquistar mis sueños
como un fantasma escuchas mis ruegos
que te amo, ya no es un secreto
mi mar sabe, también mi cielo
Tú sabes.... que eres mi dueño

Perenne

Hoy, mañana, y siempre
habrá un pensamiento hermoso,
me llegará con la brisa tu aroma
desvaneciendo los vientos bulliciosos
y me engañará la confianza
de verte feliz y pletórico
que el tiempo no me aleje la esperanza
de amanecerte cada día en mis palabras.

Ofreceré al mundo silencio
gritando sólo en tus pensamientos
sin poder controlar lo que siento
amarte..., es vivir mi centro,
y mira la inspiración al cielo
dando un salto al firmamento
humedeciendo mis ojos y mis entrañas
mientras el tiempo avanza.

Gozo del placer del pensamiento
tener tus caricias pendientes
un tesoro que en mis dedos siento
pensar sólo..., es quererte

Hoy no nacen poemas
se diluyen en papel las letras
al saberte en mi sangre patente
hoy, mañana..., Y siempre

Paz al alma

He dejado mi oscura morada
de cartones, fría e inacabada.
He dejado la humanidad apartada
marchitada de belleza ansiada.

He velado noches enteras
renaciendo en cada madrugada
He esperado la felicidad eterna
despertando al hombre que esperaba.

Ahora vivo al sol
sin problemas y sin rencor
con las sombras de la soledad
solo, ausente, y sin maldad

Ahora mi techo es el sol
abrazo a la paz con amor.
Cierro los ojos sin que nada suceda
y navega la sangre cálida por mis venas

Hoy me puebla la soledad
tomando del árbol su sombra y su paz
siendo solo mendigo
ya no está prohibido soñar
con mi gato y mis ratones
buscamos la añorada felicidad
con calma, y sin lágrimas que derramar
marché…lejos de la cruel humanidad.

Paz y libertad

A lo lejos el resplandor de un nuevo día
Paz siento en el alma entre las cenizas
por fin acabó una noche de agonías
fuego, muerte, miradas perdidas

Imagen gris de guerreros y minas
cuerpos inertes en las esquinas
el miedo les abraza cada día
hoy por fin, la Paz es una firma

Se levanta la esperanza de un nuevo día
reina el silencio tras la algarabía
¡Estamos bien!, grita alguien que suspira
y otro, llora por sus heridas

Una madre a sus hijos acaricia
nace la Paz y brotan las sonrisas
un pueblo libre y en armonía
es el deseo de cada una de las familias

Ya no habrá más bombas
ya no más noches frías
ya no más violencia en sus vidas
una firma en el libro de la vida

Se terminó, la artillería

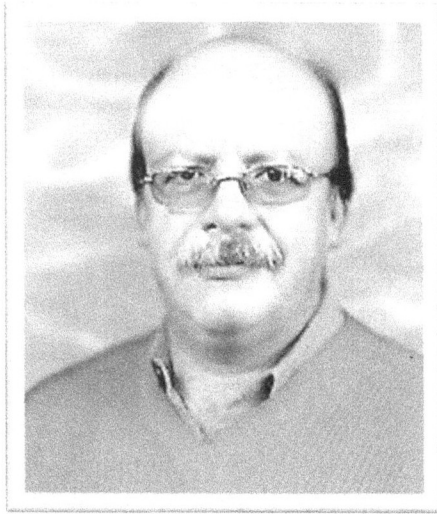

Nelson Lenin Aguinaga

Nelson Lenin Aguinaga Ortiz nació en Quito, Ecuador el 15 de Agosto de 1.960.

Ingeniero Civil especialista en Hidráulica. Su pasión por las letras, la desarrolló muy joven, y aproximadamente hace 15 años comenzó profesionalmente su labor literaria, moderador de varios grupos lite-rarios, multi premiado y ampliamente reconocido en concursos nacionales e internacionales.

Buscando la Paz

Que hoy sea un día de paz con sapiencia;
el hálito del viento nos haga recordar mies y no vivir con miedos,
miel de esa esencia copada en las hojas, de inocentes alelíes.

Debemos recordar siempre la venturanza
al mirar como la niebla enlaza con aurora,
sueños de amar en una tierra de alianza;
ilusión en siglo XXI,
Dios dice: ya es hora Nueva generación;
cortemos la ambición rompiendo las cadenas,
aire de crueldad en guerras sin otro objetivo que posesión del ave,
sinónimo de remanso y libertad. Afiancemos los eslabones,
emancipación de mejores días beneficio de buenos días
y con palabras encontrando la abdicación
cuyo resultado pinte al planeta fantasías.
Sencillos detalles: generación bendecida,
poniendo orden la actividad de ser delirio por buscar un mundo;
paz para la vida,
fulgor al querer mantener encendido cirio

Sueños de Paz

Afaquia refresco viento aletea en el mundo;
debemos eslabonar nuestros sentimientos acicalados
bajo refrán mundo más fecundo sin razas,
etnias ni condición social,
viento que acrecienta aires de paz en la alborada.

Positiva creencia aferrada en buen sentido
al recordar que fuimos creados por el barro;
argamasa esencia de un mundo consentido por humanos,
que ya no quieran el socarro
nunca más dispersos, gritos de inspiración sin desvariar;
más bien adalid tener agallas de aquellas que friccionan cadenas
traición.

Ya ocaso en la percepción, ya no más vallas
ni fronteras, sólo luchar en busca de la paz
desterremos para siempre a los opresores; exilio en el más allá,
renacimiento sonrisa altisonante siempre viva la libertad,
flores en una apología
que cruza como la brisa para subsistir
como hermanos en la tierra.

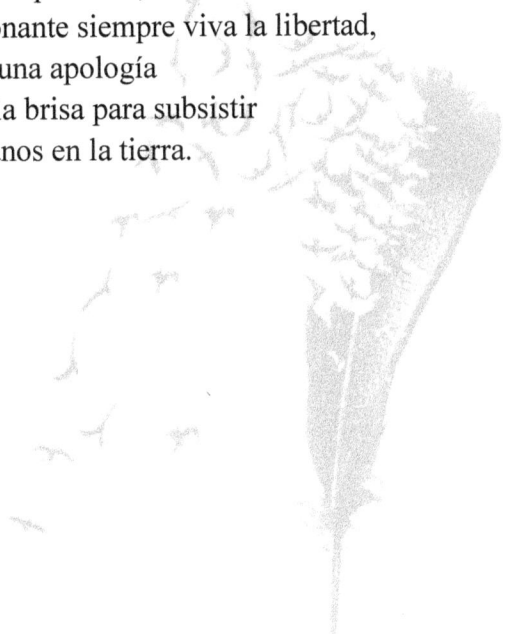

La Paz
(Jotabé)

Crece en mi interior una turbulencia;
la cordura se ha perdido en esencia.

El aroma de guerra está en el mundo;
tristeza en el niño, anciano profundo,
risas amargas, Dios meditabundo
quiere hacer un planeta más fecundo.

La paz debe ser luz de libertad
y amor pródigo en la realidad.

Ya no ahondemos esta negligencia
todo será resplandor en segundo
y la tierra será de afinidad.

Anhelo de Paz

El Creador sopló con amor
y creó al hombre a su imagen y semejanza,
con capacidad de amar
y no a conjugar los verbos: odiar, dominar, matar, etc.;
¿Pero dónde se pierde esta criatura con todo y cordura?,
Acaso soplaron vientos huracanados que cambiaron la dirección
y se convierta en un depredador de sí mismo, matando,
contaminando
y afectando a la paz con cruentas guerras,
exterminando especies y con ambición desmedida
que ha desembocado por siglos en bárbaras guerras,
rompiendo el filo hilo de la pluralidad de razas, etnias,
culturas que de nada han servido en la hora de la ambición
descuartizada
por el opaco sentimiento de emociones
que finalmente le hagan pensar en un florecimiento de susurros
donde sueñe en romper fronteras, y principalmente poner en
práctica el
"...Amarnos los unos y los otros como nos enseñó Jesús"
de todas maneras queda flotando en el ambiente
¿Dónde está el valor a la vida y su dignidad, el respeto por el libre
existir del otro?

Vuelvo los pasos del silencio
para envolverme en frías estadísticas de mortandades,
cruentas batallas, polución del planeta,
asesinatos, rompiendo los esquemas
y enseñándonos a ser insensibles
ante la impasibilidad de sentir un mundo sin alma.

Edwin Antonio Gaona Salinas

Nacido el 16 de septiembre de 1971 en San Antonio de las Aradas, cantón Quilanga, provincia de Loja, Ecuador. Sus padres, José y María. Es casado con Jacqueline Arias Ramírez, con quien tiene dos hijos, José y Karina.

Escribe poesía, novela, cuento y aforismos. Es autor de los libros: Poesía para la mujer y la vida; Los versos de un policía; Poemas al viento; Suspiros al viento; Pecado comunal; y, Jugando con taumaturgos.

Es seleccionado de concursos internacionales premiados en España, Estados Unidos y Puerto Rico. Posee el primer premio de poesía en el Colegio Miguel Antoliano Salinas Jaramillo; en 2017 es ganador del XX Concurso de Poesía, Fiesta Internacional del Trabajador, organizado en Mota del Cuervo, Cuenca-España; ganador de Accésit con el relato "Víctimas" en el III Concurso de Microrrelatos contra la violencia de género, "Los cuentos claros contra el machismo económico" de la Fundación Mujeres. Madrid-España; y, en 2018, finalista en el III Concurso literario y fotográfico de Hispanic Culture Review de George Mason University en Fairfax, Virginia, Estados Unidos.

Es Embajador de la Rima Jotabé en Ecuador y Maestre de la Orden Poético-Literaria Juan Benito. En 2019 finalista en el VIII Certamen Internacional de Poesía en Rima Jotabé, realizado en Valencia - España.

El hambre no deja Paz

(Jotabé tetradecasílabo)

El profundo sincero del hambre nos desata,
y está mordiéndonos en nuestras venas de lata.

Su forma loca de pedir comida nos mina,
nos pervierte con noches de cabaré, e insemina
flaca pelvis de muerte, vieja boca de ruina.
Su mácula de polvo triste solo domina.

Daña los pómulos jóvenes de la bravura,
los mete a desmayos eternos de la rojura,

va con víctima y esqueleto en sombra de pirata
camina, deja guerra y lengua, muerte en la esquina,
y queda, parte del cuerpo, lástima y ternura.

Así nos lleva entre los pobres de libre tierra
a domarnos, a disminuirnos con esa guerra.

Nos ha sembrado las semillas de hambre fecundo
para coger golpes de las cadenas del fundo,
ya vamos mojados con la vergüenza del mundo
que da seres humanos, sin humano profundo.

Algunos ponen los dedos en la llaga y llagan,
otros ahuyentan la mano, escapan y vagan.

Queda paz de túnel vacío, con frío de sierra
atormentando la barca del dolor rotundo,
viviendo las lágrimas de dolores que plagan.

77

Solamente tardes magulladas
(Jotabé)

Libando corazones con sus corolas niñas
van espinadas noches por las fragantes viñas.

Durmiendo los cánticos por esas albas frescas
despiertan los ángeles sobre las viejas grescas,
y vuelven esas guerras a matar como brescas
dejando a las almas, cuerpos dormidos en yescas.

Dominando repudios de noches atronadas
va el destino de la carne a sangres olvidadas.

Paz de pueblo dormido, te meten en sus riñas
probando los frutales de trampas, vinos y escas,
solamente para ir tras las tardes magulladas.

Paz que no se ve.

Vuelan las aves con alas dormidas,
ansias de paz nos carcomen la sabia,
sonando estamos con dolor que enrabia,
buscando lenguas de voces fornidas.

Corren los pasos huyendo de rabia,
gobiernos lanzan impuestos suicidas,
mazas lloran promesas incumplidas,
y nos consuelan con lengua que enlabia.

Suenan hazañas vestidas de blanco,
calcinan penas, dolores de amor,
y almas devoran los platos de sanco.

Todos la tienen presente en candor,
graba justicias por todo su flanco
cuando se olvidan del dulce blancor.

El precio de la Paz

Por la paz se marcharon a la muerte,
dejaron hijos, madres y esperanzas
para traer las banderas de alianzas
y en cajas negras, volvieron por suerte.

Otros no resistieron golpe fuerte
quedaron olvidados de semblanzas,
sumidos en los polvos de venganzas
de herida enferma y destino que vierte.

Libres los himnos por doquiera cantan
abiertas venas para los delirios,
y va, quebranto y paz qué sola existes.

Las oraciones que las madres plantan
buscan los cielos para sus martirios,
buscan clemencias, a sus paces tristes.

Iris Girón Riveros

De nacionalidad peruana, Docente de Profesión, con estudios de Nivel Superior – Bachillerato y Licenciatura - cursados en la Universidad Nacional "Federico Villarreal". Luego de terminar sus estudios de Maestría en "Docencia Universitaria", prosiguió y concluyó sus estudios de "Doctorado en Educación" en la universidad mencionada.

Realizó estudios de Post Grado y Diplomados en las Universidades:

•-Pontificia Universidad Católica del Perú.
•-La Universidad Nacional Mayor de San Marcos,
•-La Universidad Ricardo Palma y
•-La Universidad "San Ignacio de Loyola".

Como Docente y directora, ha laborado en diferentes planteles del país.

•-Se desempeñó como Especialista en la Sede Central del Ministerio de Educación y fue Encargada de la Dirección de Educación Secundaria de Adultos.
•-Colaboró en la Comisión de Educación y Cultura del Congreso de la República del Perú.
•-Fue Profesora en la Universidad Inca Garcilaso de la Vega.
•-Fue Fundadora y Docente del Instituto Superior Pedagógico "Alfonso Ugarte" de Los Olivos en Lima, por más de dieciocho (18) años.

Relación de sus obras literarias:

1.- Coeducación: escuela para la vida. Ensayo Sociológico. Que recibió la "Mención Honrosa" de la Derrama Magisterial, Institución Financiera Privada, en el Concurso Literario a Nivel Nacional. Año 1992.

2.- Violencia escolar desde la cuna. Ensayo Pedagógico.

3.- Pétalos y cardos. Poemario. Año 2004.

4.- Equidad de género en la vida escolar. Ensayo Sociológico
  1ra. Edición: Año 2006.
  2da. Edición: Año 2009.

5.- Colibríes. Poemario. Año 2008.

6.- Ensueños de otoño. Poemario. Año 2010.

Primavera negra

Por amarte tanto y saberte libre
pueblo de mis padres y de mis quereres,
bebo ensordecida la mustia calumnia
del vil patrón jefe que engrilla mis manos.

Sin tregua he lechado por amarte tanto
limpiando veredas de rojos lamentos
cegando mis ojos el polvo inclemente
de las despiadadas bombas sanguinarias.

He dejado seres, padres y terruño
por amarte tanto, añorado pueblo
hoy amortajada con viles cadenas
esclava me tienes dentro de esta cárcel.

Cual botín de guerra nos atormentaron
por buscar caminos que a la paz nos lleven,
por saberte libre de crueles verdugos,
me han crucificado sin piedad el alma.

Por amarte tanto, pueblo de mis sueños
espantan mi nombre, sepultan mi luz,
despojos vivientes que hieden a muerte
son los compañeros de mi cauterio.

El tiempo ha pasado, muchos años ha
siguen de rodillas mis fieles hermanos
buscando justicia, libertad y pan,
ansias que se esfuman con el vendaval.

Nadie escucha al pobre su diario lamento,
aguardan afuera al hijo o hermano,
al padre que fuertes lucharon en vano,
por amarte tanto, por verte brillar.

Prisioneros somos tras de este presidio,
también prisioneros quienes no lo están
pues si las conciencias siguen entre rejas
son cual sombras muchas que vagando están.

La roca que carga dentro de su pecho
el sepulturero hombre del poder
caerá algún día en trozos de carne
que ni el buitre hambriento querrá recoger.

Mientras las cadenas que amarran las mentes
no tornen humanas la voz y razón.
no seremos libres del yugo tirano
primavera negra, será esta prisión.

Desolación

¡TE EXTRAÑO!
En el grito callado de mi voz que no escuchas.
En el cálido aliento que me entibia las sienes.
En el brazo que entorna mi creciente temor.
En las letras quebradas del temblor de tus manos.
En el llanto perdido de mis sangrantes penas.
En el leve suspiro del silfo que agoniza.
En las canciones tristes que musitan tu olvido.
En mi desesperanza hundida en tu falsía...

¡TE EXTRAÑO!
En la alfombra marchita de los campos silentes.
En los árboles tristes convertidos en cruz.
En el cardo silvestre que semeja tu afecto.
En las hojas de otoño que dibujan tu rostro.
En los caminos idos de una larga quimera.
En las veredas grises que borraron tus huellas.
En cada esquiva esquina que envolvió tu partida.
En el lecho vacío de mis horas inertes...

¡TE EXTRAÑO!
En el alba que llega trayendo un nuevo día.
En las tardes de ocaso cuando el sol desvanece.
En la cauta mirada de la luna en la noche.
En el cielo estrellado que ha formado tu nombre.
En cada oscura nube que oculta tu mirar.
En los vientos que traen tus promesas fugaces.
En el tiempo nublado que llora nuestro ayer.
En los tenues rocíos que no calman mi sed.
En todos los momentos de mi desolación...

¡TE EXTRAÑO!

Sí, te extraño,
¡Te extraño cada día!
¡Te extraño como nunca!
¡Te extraño en mis cabales!
¡Te extraño en mis locuras!
aunque de tanto extrañarte,
mi alma agonizante
no pueda ya decir ni siquiera tu nombre,
y...muera.

No hieras

A ti musgo de glorias pasadas
superficie de ojos que aguardan
reverdezca helor de tus suelos
y quebrante por siempre las guerras.

A ti línea que marcas la muerte
cuando hieres sin piedad al hermano
piedra o cera serás un mañana
que el fusil de tu odio matara,

A ti Dios de bondad sempiterna
que elegiste al hombre en la aurora
toca su alma que torne en grandeza
no más lodo, sólo Paz forje siempre.

Poeta

En la soledad de tus resplandecientes días
escribes tomando del viento sus alegrías
no hay sombras que toquen tu inspiración
porque el encanto de tu numen es vocación.

Puedes sentir que enigmas te acarician
pero tu temple y vigor son fuertes, ni inician
temblor alguno en tus quimeras, antes bien
rayos luminosos y diamantinos brotan de tu sien.

Tu clara voz brilla en el tul de las emociones
en donde en templo conviertes tus ilusiones
y el dorado frenesí palpita en cada verso bello
deleitando corazones con pasión y destello.

A veces la nostalgia te visita sutilmente
y el pincel de tu sabia mano, abiertamente
dibuja signos que superan con infinita ternura
todo sinsabor o pena, porque eres ser de dulzura.

Bardo bello: te admiro, te valoro, te respeto, te quiero
porque conjugas con mi sentir tu gorjeo de jilguero
animando mi vida, dulcificando mi sueño
y perpetuando la alegría de dulce ensueño.

Que tus metáforas irradien los mundos cual golondrinas
y sean como flores de bellezas incomparables y matutinas
que encanten los azahares de muchos corazones
y los astros del cielo te prodiguen siempre bendiciones.

Luis Eugenio Muñiz Guillén

Nace en la Ciudad de Tuxtla Gutiérrez, Chiapas; México, siendo las 02:00 Horas del día miércoles 25 de Julio de 1973.

Estudió en el Instituto Tecnológico de Tuxtla Gutiérrez (I.T.T.G.) en Turno Mixto la Carrera de Ingeniería en Sistemas Computacionales.

Miembro del Movimiento Ciudadano por la Cultura desde el día miércoles 11 de octubre de 2006, y secretario del mismo 1998-1999. Creación de niños genio de 2013 a la fecha.

Miembro de la "Asociación de Escritores y Poetas Chiapanecos, AC desde el 25 de septiembre de 2015.

Primer Diplomado de Actualización Profesional en Creación Litera-ria, Secretaría de Cultura y CONECULTA CHIPAPAS, PECDA Edi-ción 2018.

Taller de Creación Literaria "Del mito a la poesía", impartido por el Maestro Óscar Wong, Tuxtla Gutiérrez, Chiapas; 18-20 octubre de 2018.

Miembro de la Asociación Escritores Independentistas, 2018,
Miembro de la Institución Internacional "RIMA JOTABÉ", 2019

Miembro de la Institución Cultural Internacional "AMÉRICA MA-DRE, filial Tuxtla Gutiérrez, Chiapas; MÉXICO, 2019.

NOMINADO AL "PREMIO CHIAPAS 2018" EN LAS ARTES.

Ha escrito 113 Obras Literarias. Desde el día miércoles 19 de Febrero de 2003 a la fecha.

Entre sus obras destacan las siguientes:

—Filosofía de un discapacitado "Una Perspectiva diferente de ver la vida", Febrero 2003, Multiverso.
—Y sin embargo se mueve, Eugenismos Zero… Punto de partida a la filosofía universal, creador de la Saga Eugenismos,
—Susurros al ser, CONECULTA Chiapas 2010,
—Café para dos, Editorial Grupo Herencia Mexicana, Febrero 2018,
—Memoria en blanco, Antología resultado del Primer Diplomado de Actualización Profesional en Creación Literaria, INBA CONECULTA Chiapas, PECDA 2018.
—Polvo de Estrellas, Antología Poética, Editorial Historia Herencia Mexicana, 2019, entre otros en diversos Países.

Una Selfie a tu interior

(poema en rima Jotabé)

¡Ante mi Dios, infinito y veraz
no soy más, sino una Estrella Fugaz!

¡Un hombre común, de esta Tierra oriundo
ha de robar tu atención un segundo
a este mensaje de amor que hoy difundo
pues, aunque humilde, es un tanto profundo!

¡Dentro y fuera de ti, hay un Ser Superior
claro cuál Diamante y lleno de amor!

¡El mundo ha luchado siempre por Paz
solo recuerda, la Paz en el Mundo
no es más que una 'Selfie", al propio interior!

La otra mejilla

(poema en rima Jotabé)

¡Dios al hombre, en su corazón se hospeda,
gira este mundo y hasta la piedra rueda!

¡Abona a la Paz, no otro quinto al piano
que la hermandad, no es un sueño lejano
recuerda siempre el Precepto Cristiano
¡Ama a tu Prójimo, cuida a tu hermano!

¡Nada en Paz, rima mejor con mejilla
que dar siempre al mundo, la otra mejilla!

¡Paz, no es pagar con la misma moneda
no es tirar la piedra y esconder la mano
¡Hombre de Paz, es un Alma que brilla!

Involución

(poema en rima Jotabé)

¡Si no eres parte de la Evolución
estás atrapado, en la Involución!

¡Espero ayudar, a un tema sensible.
Viajar al pasado, es ya algo posible
pues otra Guerra Mundial, es temible
detenerla con Paz, hoy es muy factible!

¡El hombre cruel, es fatal como hiedra
y peor, si su conciencia no medra!

¡Mi voz tenga eco, como una canción
otra Guerra, sería hoy algo terrible
volver otra vez, a Edad de la Piedra!

Amar sin medida

(poema octosílabo en rima Jotabé,
con estrambote)

¡Mientras el mundo dormía
de corazón yo pedía!

¡Mi Alma no tiene color
tampoco, inmune al dolor
escucha, Oh Dios mi clamor
y ayúdanos por favor!

¡Lo que este mundo se olvida,
es una Paz desmedida!

San Agustín lo decía:
La medida del amor,
justo es armar sin medida!

¡Ascendida!
¡Si el Bien, triunfa sobre el mal
hoy mi Alma, luce abismal!

Robert Allen Goodrich Valderrama
(Panamá 1980)

Poeta, escritor, ensayista, académico panameño-estadounidense creador del Blog Mi mundo www.robert-mimundo.blogspot.com (2009-Presente)

Lleva unos 10 años como poeta y escritor ha participado en más de 100 antologías a nivel mundial en el 2014-Presente funda el Grupo en Facebook Amor por las Letras donde se promueve la cultura, el arte, la poesía y demás ha publicado de manera independiente vía Lulu.com entre sus logros se destacan algunos como: Nombrado Embajador Universal de la Paz en Panamá-Circulo Universal de Embajadores de la Paz (Ginebra 2012), Nombrado Presidente UMECEP en Panamá (UMECEP Argentina 2014-Presente).

Nombrado Académico de Número Silla 60 Patrono Ricardo Miró-Academia Mundial de Cultura e Literatura (Brasil 2016-Presente), III Lugar Concurso Internacional de Ensayo Pro-Derechos Humanos-Casa Cuba (Houston Texas 2017), 2do Lugar Concurso Internacional de Ensayo Pro-Derechos Humanos-Casa Cuba (Houston Texas 2016), Finalista Concurso Internacional de Poesía José Martí-Casa Cuba (Houston Texas 2017), Finalista Premio Literario Reinaldo Arenas por su libro "Hombres y Mujeres sabios (la sabiduría de los ancianos)"-Creatividad Internacional (Miami, Florida 2017), entre otros.

La poesía poderoso instrumento de Paz

La poesía es maravillosa
es un poderoso instrumento de paz
de amor
de esperanza
de educación
con un verso
con una prosa
puedes transmitir el mensaje más sublime
de paz
y amor.

Mi patria pide Paz

Hay algo tan necesario como el pan de cada día, y es la paz
de cada día. La paz sin la cual el pan es amargo.
Amado Nervo

Mi patria pide para todos
para los niños y los pobres.
Para los ricos y de clase media
para los animales y los árboles.

Mi patria pide paz para vivir tranquila
en medio de las guerras y muertes que nos truncan el futuro.
Mi patria pide paz en medio de la agonía y la derrota
de la sangre y la destrucción.

Mi patria pide paz para un mejor mañana,
para los niños y niñas que son el futuro del mundo.
Mi patria pide paz para mis hermanos y hermanas,
para los desvalidos, los enfermos y los que deambulan por las calles.

Mi patria pide paz para detener las guerras
y para poder vivir tranquilamente en un mejor mundo, en una mejor
tierra.
Mi patria pide paz para todos por igual
sean pobres, ricos, niños, niñas, todos iguales somos.

Se escuchan los gritos de aquellos a quienes sus voces han callado
gritando, implorando y suplicando:
---Paz, paz, paz---
Mi patria pide paz y Yo os pido que todos logremos la meta
que la paz reine por siempre en nuestros corazones y en nuestro pla-
neta.

Miles de rostros

Miles de rostros llenos de esperanza
que sueñan con un mejor mañana para sus hijos
y los hijos de sus hijos.
Miles de rostros con ojos llorosos.

Mirada triste y a la vez llena de esperanza.
La esperanza de que un mejor mañana
de que un mejor mundo
de que un mejor destino

Está esperando ser descubierto, ser caminado
por todos y para todos.
Miles de rostros llenos de esperanza
de niños, mujeres, hombres, jóvenes y ancianos.

Que sueñan con un mejor mañana.
Con un mejor mundo
lleno de paz y alegría
lleno de esperanza y unión.

Donde todos podamos abrazarnos como hermanos
como lo que somos hijos de Dios.
Los rostros de millones de personas
que se levantan cada mañana

Con la esperanza de que hoy será diferente
de que mañana será diferente,
de que el futuro será diferente para todos.
Pescadores, mujeres, amas de casa, ancianos, niños, estudiantes

Todos rostros de seres humanos que lo último que pierden es la esperanza.

Que sueñan y viven el día a día
esperando que el futuro sea mejor para todos.
Trabajadores del campo, inmigrantes, obreros, científicos
escritores, poetas, hombres de negocios, sacerdotes

En fin, todos los hombres y mujeres que se levantan todos los días.
Que se miran al espejo todas las mañanas
con una leve sonrisa en los labios
y con el corazón lleno de optimismo
lleno de esperanza y alegría

De que hoy, mañana ¿o quién cuándo?
El futuro será mejor
y la paz reinará en todos los rincones del Universo
en este nuestro planeta

Nuestro hogar
nuestro mundo.
Paz, paz, paz
Son los gritos de millones,
de miles y miles de hombres y mujeres,
de niños y ancianos.
Que viven con la esperanza
de que el mundo por fin vivirá en paz

Y nosotros aprendemos a valorar lo que tenemos
y ser hermanos y hermanas
hijos de Dios nuestro Señor.
Miles de rostros sin importar nacionalidades y razas.
Miles de hombres y mujeres
de niños y ancianos
que sueñan con un mejor mañana.
Que es posible, pero que en nuestras manos esta:
----Poder lograr la Paz---

Paloma mensajera

Paloma mensajera que surcas los cielos
buscando la paz en el mundo entero.

Con tu belleza transmites armonía y belleza
que busca traer la paz en medio de la guerra.

Oh, paloma mensajera que surcas los cielos
llevando la paz al mundo entero.

Oh, paloma mensajera vuela, vuela tan alto como el cielo
para que tu mensaje llegué al mundo entero.

Y con tu mensaje logres transformar la guerra en paz y amor
por todos los pueblos.

Oh, paloma mensajera vuela, vuela tan alto como el cielo
y lleva tu mensaje de paz y amor al mundo entero.

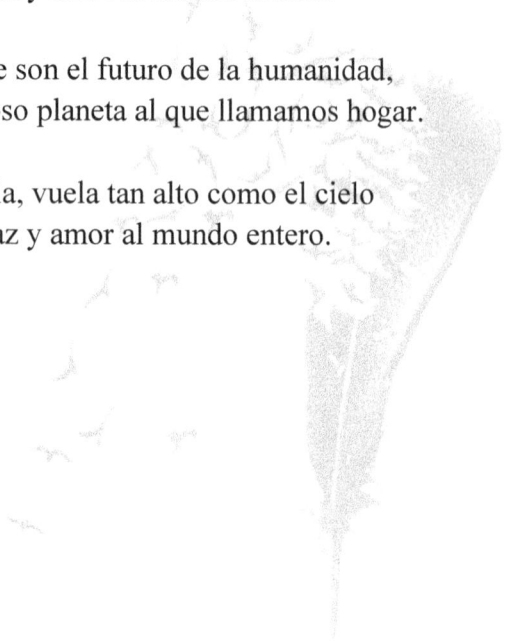

No por mí, sino por ellos que son el futuro de la humanidad,
los niños y niñas de este hermoso planeta al que llamamos hogar.

Oh, paloma mensajera vuela, vuela tan alto como el cielo
y lleva tu mensaje de paz y amor al mundo entero.

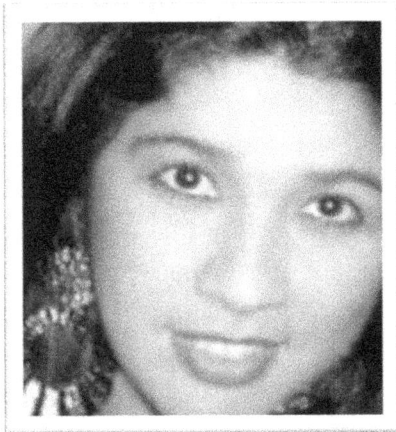

María del Milagro Herrera de García

Nació en la ciudad de Metan, Provincia de Salta, Argentina, más conocida por su seudónimo literario: Mamihega. Poeta, Escritora, Profesora en Economía, Profesora de Danzas Folclóricas Argentinas, Embajadora de la Cadena Mundial para la Paz.

Su poesía gira en temas como poemas contra el acoso callejero, violencia de género, maltrato animal y más, considera que la palabra sea escrita o en habla es muy poderosa y la emplea para la reflexión. Si bien escribe de todo, su manera de alabar la vida es a través de sus poemas o prosas con sabor a denuncia social.

Escribe desde los 12 años de edad, donde gano su primer concurso de poesía, desde ese momento se enamoró de los versos y prosas, es activista por la igualdad, por el medio ambiente y paz social, actualmente es vicedirectora en el portal literario SVAI, columnista en la Revista La Columna del NOA, Embajadora de la Rima Jotabé en la Provincia de Salta. Premiada en varios concursos internacionales de poesía, recibió el "Premio Internacional Grandes Mujeres 2019" en la Cámara de Diputados de la Nación de la República Argentina. Como docente y tutora gano concursos provinciales de poesía y danza con sus alumnos de nivel secundario. Coordinadora local del FIP. Participa activamente en antologías para la paz mundial sobre todo, creadora "De refranes a poemas", "poemas y adivinanzas", "concursos creativos", "Festival Flash de poesía social", Ciclos radiales: "Milagros en reflexión" y "Encuentro nocturno".

Y hasta los pájaros hablan el idioma de la libertad y nosotros –hombres y mujeres de la nueva heredad- nos hemos apropiado del planeta pensando que nada más existe y una nueva fragancia de amapola florea en los jardines de nuestro corazón ganándole a la vida.

Cómo hablar

Cómo hablar de paz sin respetar
el sonido del águila que vuela
cómo entender la paz que no consuela
e ignorar la misión de la calandria.
Cómo hablar de paz sin ni siquiera
valoramos la vida que nos dieron
ni la del prójimo viajero
y el color de lo que soñamos.

Cómo entender ahora que somos
habitantes de un planeta que se muere
que la tierra es un hogar para el que canta
y también un hogar para el que sueña,
que la paz es la luz que obliga a amarnos
y no es solo una palabra sin sentido
o desconocida en el diccionario.

Con uno mismo y con los demás caminantes
darse la mano en el camino,
en solidaridad y buen corazón para el que sabe
que no todo es alegría en la montaña
que hay tristezas que nunca se terminan
cuando el hambre de codicia nos hiere y nos perturba,
por eso, la unión es necesaria.

Hablar de paz cuando retumban los cañones
y muere jóvenes en el campo de batalla,
niños y ancianos desamparados
con hambre y frio visten las esquinas,
hablar de paz no basta,
abramos un camino en el camino
y un surco de esperanza en la práctica.

Cuan equivocados estamos
(Jotabé)

Cuán equivocado está el ser humano
que matar, es de "héroe" y no villano,

al creer que con guerra se progresa,
cada bomba es la cruz que nos apresa
y toda vida, incluyéndonos, cesa
porque el daño también vuelve y nos besa.

Aseguraremos toda existencia
con hechos de amor y no de violencia.

Para que no prospere lo profano
y la paz triunfe sobre la revesa
actuemos sin maldad y con conciencia.

Brisas de esperanza

Me gusta el rumor intermitente de las olas
y cómo en el mar transcurren las barcazas
cuando el sol apunta vertical sobre sus aguas
me gusta el paisaje y la soberanía del viento que acaricia.

Me convierto allí mismo en brisa soberana
y en mis oídos, el eco
de ese himno a una naturaleza que fue creada en lo alto
para recomponer todo lo existente.

Busco la humildad en todo momento
y a veces siento la opresión de todos los silencios,
estoy convencida
- así mujer como deambulo sobre los acurrucamientos de la nada-
que hay un mañana que vine victorioso
trotando en corcel, llamándonos a gritos,
con un pedido clamoroso: que nos amemos
sin nada más que pretender.

María Inés Martínez.

Nació el 11 de febrero de 1947, en Cuidad de Alta Gracia, Córdoba, Argentina.

Estudio y se desempeñó como Docente de Plástica en esa Ciudad.

En el año 2014 publicó su primer Libro de "Poemas de Amor".

En el año 2016 publicó su segundo Libro de "Poemas de Amor para Ti".

Escribe y espera poder llegar a ser una gran poetisa.

Si no existiera la poesía

Si no existiera la poesía
¿qué sería de la pluma y el papel?,
Si no existiera la poesía
¿qué sería de los poetas y su creatividad?

¿Qué sería de los bohemios,
qué sería de los melancólicos,
qué sería de las almas entristecidas,
qué sería de los románticos?

¿Cómo enfrentar la ansiedad del alma,
cómo vivir sin la esencia de las letras,
cómo plasmar la emoción del corazón,
cómo plasmar en letras la sensibilidad humana?

Si no existiera la poesía
¿cómo saciaría mi afán de escribir?,
si todo mi ser es sólo amor y más amor,
si todo mi ser es sólo poesía, poesía y poesía...

Si te vas…

Quiero quedarme tildada
en ese amor rojo fuego,
quiero quedarme en tus brazos,
quiero dormirme en tu pecho…

Ya no quiero llorar más,
quiero olvidarme de todo,
que lo malo sea recuerdo,
que lo bueno sea alegría…

No quiero la soledad,
moriría si no estás,
quiero amarte en silencio,
quiero amarte a mi manera…

Sé que el amor es de a dos,
sé que el tuyo está indeciso,
¡cómo no llorar de amor
si cada día se aleja!

Volarás tal vez muy alto,
espero que encuentres nido,
que no te pase como a mí
por abrir mi corazón se quedó en soledad…

Todo es una quimera
de confusión y de olvido,
todo es un sueño errante
que algún día volverás…

Mi primavera

¿Cómo no amar la primavera?
¿Cómo dejarla en el olvido?
¿Cómo no voy a querer que llegue?
¿Cómo no voy a querer que esté ya?

Y yo que pienso y anhelo eso
porque me fascina ver brotar las plantas,
porque admiro el proceso de sus flores,
porque da vida ver los valles verdes…

Cómo no amar la primavera
si ella corre por mis venas,
si ella nueve mi corazón adormecido
para dejar pasar al amor que tanto espero…

Es la primavera y el amor
El motor que da templanza al ser,
es la época del crecer y florecer,
es la época de la pureza y de la flor…

La primavera y el amor,
la primavera y la flor,
una rosa, un jazmín,
ti, yo y el amor que nos unió…

Al costado del camino

Recorriendo los caminos
en la inmensa travesía de la vida,
pueda encontrar a su vera
a grandes y amables amigos…

Es difícil olvidar una sonrisa,
un apretón de mano, un consejo,
tal vez un lecho para descansar
o un plato de comida para compartir…

Los amigos son las perlas
que acompañan en la vida,
esas horas de alegría,
esas horas de tristeza…

Los verdaderos amigos
recorrerán contigo
la riqueza de la vida
y el dolor de las almas…

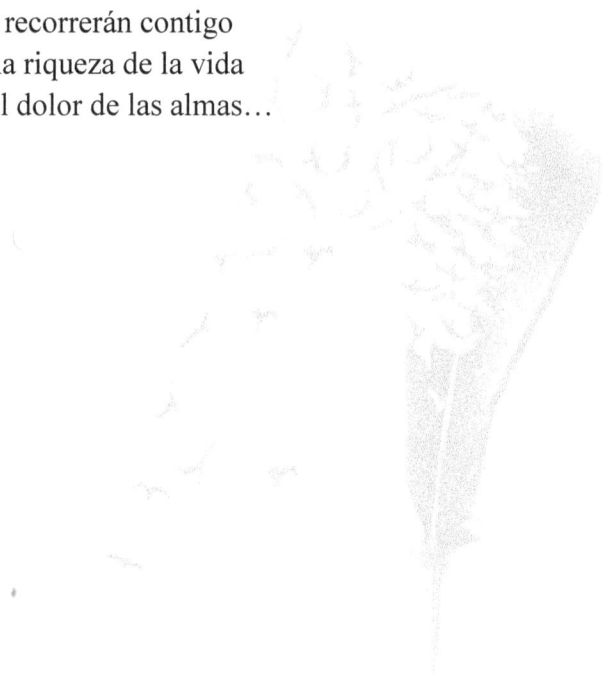

Mirta Mabel Genre-Bert.

Nació en la ciudad de Santa Elena, Provincia de Entre Ríos, en Argentina. 53 años, soltera, actualmente reside en su ciudad natal.

Técnica en Protocolo, Escritora y poeta, incursiona en diferentes géneros de narrativa hace algunos años y se ha animado a mostrarlo hace aproximadamente dos años.

Escribe no solo al amor o al desamor, suele decir "mi escritura encierra la vida misma" entre sus géneros más frecuentes esta la micro poesía

> Me permite caminar
> sin poder hacerlo.
> Volar sin tener alas.
> Llegar a tantos sitios
> sin necesidad de viajar.

"La vida y el destino son la alianza del que nace tu ser"

(Mabel Genre-Bert)

Paloma

Huele a pradera, verde cantar
a lluvia fresca que moja la tierra.
A esperanza, sueños de amaneceres.
A cielo de arco iris y sinceridad.

Retumba su mínima voz
en el eco montañoso del silencio.
Atisba el incendio que circula
en el espacio, que se mece en la memoria.

Resilientes son sus pasos
marcando huellas de armonías.
Ganándole al destino, torciendo
el camino, sorteando curvas peligrosas.

Infinita es su calma, los conflictos
se los deja a otros, ella ha sabido
ganarse su bienestar, vuela cómo
paloma llevando mensajes de bondad.

Pasea su sonrisa en nostálgicas
carreteras, demostrando que nada
es imposible de lograr, poseyendo
voluntad y confianza, se puede triunfar.

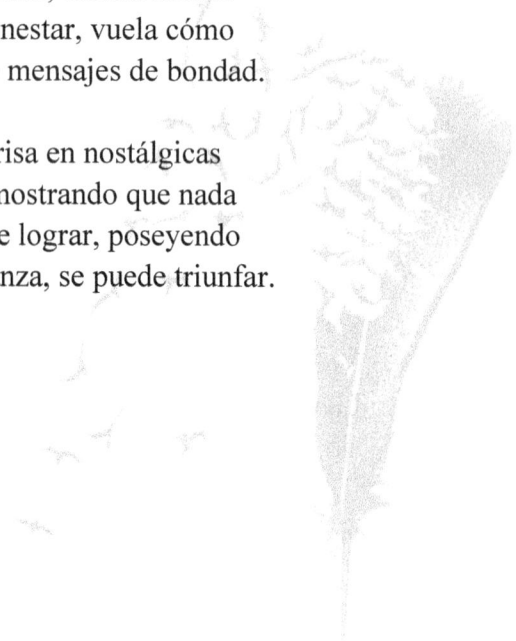

Tejiendo letras

Suspendidas en el aire están ellas...
Tomó mi aguja y las trato de unir, unas traviesas se me escapan...
Tengo experiencia en esto de tejer, no harán que me canse...
Ya los coloqué sobre el hilo, hago el nudo, no se caerán.

Enganché la A ¡Ya se! Formaremos amor y del bueno...
Sigue en la lista la B de la bondad, que anida en tantos corazones...
La C no quiere que la sujete, ¡Ay, ay! Ni se percató en mi lista ya
quedó...
Calidez resultó en mi manta esta bella letra...
Quiero seguir capturando todas, llegar a terminar el abecedario...
Son tantas, pondré en relieve las más significativas...
E me da esperanza de terminar mi labor con éxito...
Feliz seré si la F se ubica en el medio de y sentiré que lo hice bien.

Ganas nunca me faltan para realizar mis tareas, y de agradecer,
presentes se hizo la G...

Saltando algunos puntos me voy a la L, brilla como la luna ...
La O de odio la voy a omitir, no ocupará lugar en mi tejido...
Con blanco la P resaltaré, en el medio se ha de ubicar la palabra
"PAZ"...
La R no la incluyo, no quiero que haya rencor...
S sí, acude necesito sabiduría para culminar con éxito...
Volar deseo con mi tejido así que V me haces falta...
Tiene muchos metros podrá unir al mundo con la U de unidad...

Seres pequeños

En las noches solían escucharse ruidos, parecía se movían objetos.
Y luego unos pasos suaves como si flotaban en libertad.
Ella se levantaba, encendía las luces y todo quedaba en silencio.
Al acostarse, observaba la luna entrar por su ventana.

Los oídos cansados retumbaban en el silencio de la soledad.
No quería dormirse un extraño presentimiento surcaba en su
corazón.
Creía que su tormento eran las marcas del pasado de turbulencias.
En la mañana, luego de ducharse se dirigía a preparar su desayuno.

¡¡Oh sorpresa!! Nada se encontraba en su sitio, y no lo comprendía.
Decidió no ir a trabajar, el insomnio había consumido sus fuerzas.
Luego que bebió su café, se dejó caer sobre el sofá.
Se dormitó y comenzó a escuchar ahora voces y risitas.
Siguió el sonido y llegó al cuarto donde juguetes y muñecos
habitaban.

Todo estaba revuelto, se sentó en el piso y comenzó a ordenar.
Muñecos, autitos, juegos de té, rompecabezas, encastres, cartas,
debía levantar.
Sentía un escalofrío en esa habitación algo difícil de explicar, al
instante algo sucedió.
Seres pequeñitos la rodearon y ella lejos de sentir miedo comenzó a
dialogar con ellos.
Pudo indagar que eran espíritus de niños que habían muerto en la
guerra.
Habitaron esa casa y sus almas seguían pululando por ahí.
Se hacían presentes cuando había niños que habitaban la casa y
daban Paz.

Ocultar

Acaricia los pequeños instantes, calmos.
Guarda la esperanza en días
de mansedumbre, su boca colorea
sonrisas, su garganta suelta carcajadas.

Sus ojos brillantes, chispeantes
ocultan la tristeza que hay en su alma.
Nadie lo sabe, su vida es una gran mentira.
Se ve lo que no existe, se oculta la realidad.

Hoy está cansada de tanta agresión.
Suspira en silencio, aprieta el dolor
desempolva su espíritu, arremete
con el escobillón, barre los insultos.

Lava los pisos, borrando las huellas.
Abraza el sillón, bebé la copa de la
incomprensión, le quema en el estómago.
Vomita el infierno, grita la impotencia....

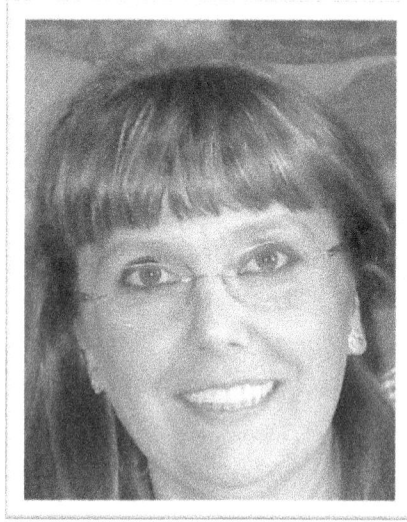

Ana María Mejuto

Nací en 1962, en España. Soy una escritora y poetisa autodidacta.

La poesía significa mucho para mí, porque expreso mis inquietudes y mi fantasía, que plasmo con todo mi sentimiento.

Escribo por afición y me dejo llevar aislándome del mundo envolviéndome en cada historia que escribo.

En mi haber literario figuran los libros:
"A solas en mi habitación" y "Libero mi alma al viento".
Y una Antología Poética, que comparto con varios poetas de Universo poético.

Luchemos por la Paz.

¡Quisiera un canto a la libertad!
Y sentir que somos un pueblo hermanos,
que luchan unidos por la paz y la igualdad
de la humanidad de todo ser viviente.

¡Grito al cielo y reclamo a Dios!
La fuerza necesaria para la unión de los hombres,
que luchan por la paz de los pueblos.
Unamos nuestras manos y acariciemos los corazones.

Quiero ser libre como el viento y sentir que todos
somos uno, porque todos estamos unidos,
en esta tierra que nos regaló Dios,
para amarla y cuidarla entre todos como hermanos.
¡Bendita sea la paz!... Luchemos
todos juntos por esta hermosa tierra!

Por un mundo mejor

Se siente y se palpa en el ambiente
El llanto de un dolor intenso,
donde los gritos enmudecen
las palabras y se sienten un vacío inmenso.

Que envuelve un dolor que se penetra
en las entrañas de la tierra,
dejando un vacío en el aire
que desespera a Dios en lamento.

Las piedras rugen de rabia
y se levanta una polvareda,
llenándolo de un silencio absoluto
de miedo y destrucción.

¡Y me rebelo…! Porque deseo un mundo mejor
Donde se respire paz y unión entre los seres humanos,
y… luchemos por la libertad y la liberación de los pueblos
hermanos.
Que luchan por ser libres
y vivir en paz todos unidos
en armonía y concordia.

En el bullicio de mi mente.

En el griterío de mi mente
Te ensueño cada noche,
y percibo el silencio de esta coraza
que envuelve mi alma atormentada.

Este vacío intenso que me dejaste por tu partida
te advierto en cada sueño como te vas,
sin mirar hacia atrás.

Divisando como tus fragmentos
se desintegran delante de mis ojos,
sin poder decirte adiós.
Y siento un dolor inmenso,
sin saber qué hacer y lloro en silencio
cada noche que te sueño.

Y busco la noche para poder tenerte
en mis quimeras y sentirte
por unos instantes en que fuiste mío.
Y ahora solo me queda tu recuerdo.

Se ha muerto la inspiración

Mi corazón se siente mutilado
ya no desea amar de nuevo,
las noches ya no tienen luna
y el sol ya no brilla por la mañana.

Las margaritas ya no dicen
¡te amo o no te amo!
Y los pájaros ya no trinan
canticos que hablen de amor.

Porque mi coraza está vacía
y muerta la inspiración,
ya nada es como era
solo queda desazón.

Mis ojos son como ríos
que bajan a raudales por las rocas,
y se refleja el dolor, en el espejo de las aguas
cristalinas, donde desemboca mis sufrimientos.

Intentando calmar el dolor que hay en mi alma,
siento el vacío que envuelve todo mi ser,
y solo queda la tristeza de una poeta
que no sabe hablar de amor.

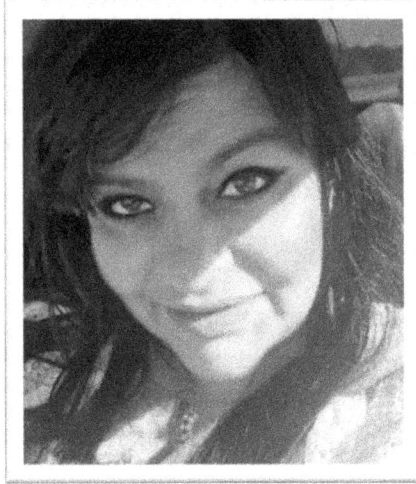

Rafaela Mila Iborra
(seudónimo Felita)

Nació en Santiago de Cuba, Cuba, el 16 de octubre de 1965. Emigra a los Estados Unidos de América en marzo del 2000 y radica en Austin, Texas actualmente.

Mujer, amante de la prosa poética y la poesía, donde suele desnudar su alma en versos. La poeta siempre nos recuerda con amor que su vida empezó a tener sentido después de la perdida de una hija. Su mundo, es hoy.

El hoy es marcado desde ese día. Su pasado no importa, lo que es significativo en la vida es el presente. Sus actividades creativas se mueven en diferentes planos. Le gusta la Pintura, es Autodidacta. Se destaca también en Dibujos, Grabados, Esculturas y Orfebrería.

Las letras han venido a ser el trampolín que la impulsa en el mundo en su nuevo despertar. Desde la aurora a la alborada viaja en una nube de ilusión, y su vida es un mágico vivir.

Libros como Mi alma entre las brasas, El gemir de la noche y El poder de amado, Los cuentos de la abuelita Felita y Tinta para mis versos han dado un bello sentido a su vida. Alma que dibuja su sentir en letras, conjugando palabras que hacen brotar el amor de su interior.

Necesitamos la Paz.

Días tristes con auténticos fuegos
la paz se ha desvanecido
del corazón de los hombres.
Días de guerras y orgullos
que van levantando muros.
¡Quieren ser líderes!
¡Quieren ser amos!
Porque son amantes del dinero
y la mezquindad.
No buscan la igualdad
solos corazones oprimidos.
Hermano, suelta el egoísmo.
Dame tu mano.
No importa si tu piel es blanca o mestiza.
Respetare tu pensamiento
y te amare en todo momento.
¡Hermano apégate a la paz!
Respetemos nuestras creencias.
Aprendamos a vivir con la clemencia
en este mundo rebosa la esencia.
Dame tu mano y apostemos por la paz.
La paz maravillosa, que huele rosas.
Y es bandera blanca, para toda la humanidad.
Canto a la paz.
Busco la paz en cada rostro
de mi calle dormida en el olvido.
Y... Reflejos de muerte encuentro
en cada apagada mirada.
Paciente voy buscando el amor
en cada canto de la mañana.

Y… Poemas tristes se visten
en metáforas que desbordan
los sentimientos confusos.
Pero la paz es arbitraria.
Ella se esconde en cada rincón
ilegible del universo.
Y... La tierra gime.
Como madre inconsolable
por las muertes de sus hijos.
Porque la paz es un circo.
Donde todos se han dormido.
Y... Las fieras se divierten…
En un gran festín.

La Paz.

Mi patria sufre.
Alguien cambio su sonrisa por la muerte.
La depresión se ha convertido
en aliada del yugo que oprime.
Sufre con esclavitud.
Sufre porque quienes la oprimen.
se ríen de su historia.
Se ríen con burlas prehistóricas.
Se ríen como si los muertos
en los campos de batallas no se fueran a levantar.
La mano que oprime mi patria
anida el fuego eterno en sus entrañas.
¡Es Hades!
Con lluvias y truenos dudosos
abrazan con alevosía sus gargantas.
La paz se esconde audaz en la oscuridad.
Y... Un día se levantará y gritará.
Desde cada garganta.
Porque ella no es muda a la injusticia.
Y en su nombre cultiva la bondad.

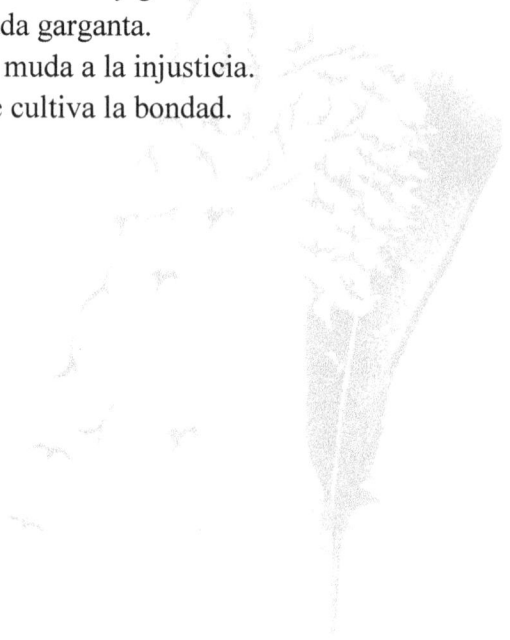

¡Despertara la Paz!

La paz se duerme cada día
con cánticos de sombras.
Quebrados sus brazos están.

La paz va muriendo a cada segundo.
Ella está ausente en cada corazón.

El látigo redobla sus golpes
y por los temores no alza su voz.
Se ahoga en cada pecho que sufre.
Por fusiles que amedrentan su voz.

Pero una gran parte de ella no descansa
en lo más profundo de su ser.
Se levantará un día, una mañana,
con los rayos del amanecer.

Luchara por su victoria.
¡Porque la paz ha de volver!

Bethzaida T. Montilla A.

Nacionalidad: venezolana

Lugar y dirección de residencia: Carabobo. Puerto Cabello. Edo Carabobo.

Breve biografía poética.

Tengo publicado un pequeño poemario titulado "REFLEJOS DE UNA SOMBRA", editado en el 2002, producto de una convocatoria de una editorial en Maracay, Edo. Aragua, que estaba haciendo una selección de autores inéditos.

Algunos de mis poemas, así como varios artículos de opinión, han salido publicados en la prensa local y regional.

En el 2010, fue incluido uno de mis poemas en la última edición de la serie de libros "LA CULPA ES DE LA VACA", cuyos autores son colombianos y que esta vez lleva nombre "La vaca sin culpa" publicada por Círculo de Lectores de Venezuela.

Tengo un libro inédito aun sin publicar, que tentativamente lleva por título DE LUCES Y DE SOMBRAS.

Ve y llévales mi mensaje

Alza tu vuelo, paloma, ve y llévales mi mensaje.
Diles que la paz no llega con mentiras y con ultrajes,
ni con un comunicado ni hombres vestidos de traje.
Diles que la paz se viste con humildad y con coraje,
con un abrazo sincero y sin fronteras en el alma.
Diles que la paz se viste con ropajes de poesía,
y que su piel va desnuda de cualquier hipocresía.

Alza tu vuelo, paloma ve y llévales mi mensaje.
Y diles que la paz se pierde si no aprendemos a amarnos,
y que el color de la piel no existe si somos hermanos.
Diles que la guerra sirve, solo para exterminarnos
y que la sangre que corre es roja de lado y lado,
y que, aunque de piel diferente toditos somos hermanos.
Alza tu vuelo, paloma y explícales que la paz
no se gana haciendo guerras,
sino abriendo las fronteras y estrechando nuevos lazos.

Perdón...

Por cada sonrisa que no respondí,
por cada mirada que esquive,
por cada niño abandonado,
por esos chiquillos que al tender su mano
yo los ignore.
Por cada vez que deje que mi orgullo ganara,
por cada paso en que me aleje de Ti.
Perdón por mis amigos que alguna vez herí.

Por cada vez que perdí la fe
y deje de creer en Ti.
Por cada vez que no escuche tu voz,
por cada guerra que en tu nombre emprendí,
por cada flor que mis pies pisotearon.
Perdón por mis hermanos a quienes hice llorar.
Perdón por cada día en que no te recordé.
Por todos aquellos que no saben perdonar.
Por cada desconsuelo, por cada soledad.

Como el ave fénix.

Yo un día volé sobre el cielo del pantano,
cruce rasante la infecta superficie,
me sumergí en el fango del pecado,
y nade hacia el abismo de un mundo inexplorado,
pero salió intacta la nieve de mis alas,
y puedo decir hoy: tengo aun puras las manos.

Mi corazón ardió en las llamas y luego desgarrado,
lo vi volverse fuego y terminar en cenizas;
pero volvió a renacer, como el ave aquel de la leyenda,
y hoy puedo decir, que aún tengo el alma limpia;

Cruzó mi alma el lodazal de la impureza
y en las sombrías regiones, donde la fe está perdida,
la vi rabiosa, debatirse herida, pero ya he vuelto;
y la traigo limpia del pecado,
limpio el amor todo rastro de inmundicia.

Ya he vuelto de ese viaje a las regiones de lo absurdo,
mi corazón herido batallo solitario
y lo vi agonizante revolcarse en el lodo;
pero se alzó triunfante por encima del fango
y hoy puedo decir que salió renovado,
aunque lleno de heridas, más puro y más lozano.

Te busque.

Te busque al comenzar el día,
me perfume de brisa solo para ti,
y te busque en el aire fresco de la mañana
pero no estabas, no estabas para mí.

Te espere, te espere al terminar la tarde,
me vestí de misterio,
de suave aroma y calidez de luna,
solo para ti, y te espere, pero no estabas,
no estabas para mí,
y me quede esperando y aun sigo aquí.

Porque mi amor siempre se vestirá de brisa,
de suave aroma, de calidez de luna;
de embriagador misterio, solo para ti,
porque yo sé que un día te volverás a mí
y me vas a descubrir.

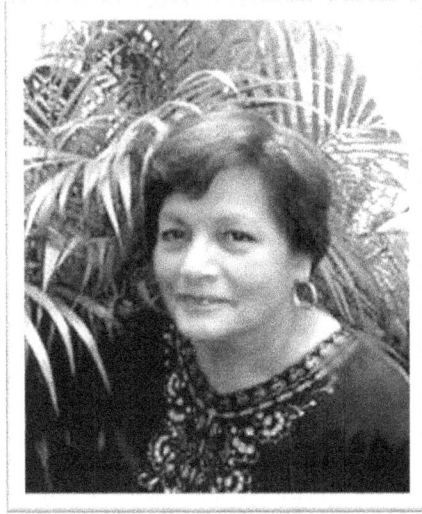

Trina Mercedes Leé de Hidalgo

Nacida en Caracas – Venezuela, el 7/9/1945.
Docente jubilada desde 1985. Escribe desde los 14 años.

Recopilación material literario en unos cincuenta libros, unos ya armados y otros en ese proceso, escritos durante el ejercicio de su función docente, hasta la jubilación, en el desarrollo de tesis de grado, el trabajo literario diario en diversos blogs, revistas, debates, discusiones, grupos, retos, concursos, antologías, duetos, cuentos para adultos y niños, literatura infantil, áreas de estudio especialmente Educación ambiental e Historia, poesía, prosas, pensamientos y reflexiones, incursión en novelas cortas, abarcando lo místico, romántico, social, filosófico, vivencias, temas asignados, haikus, inspiraciones siguiendo una imagen, video o ambas cosas a la vez, brevedades...

Participación en varios blogs a nivel mundial: El amor es libre
http://elamoreslibre.ning.com/profile/TrinaMercedesLeedeHidalgo
Creatividad Internacional
lhttps://www.creatividadinternacional.com/profile/TrinaMercedes-LeedeHidalgo https://www.facebook.com/trina.leedehidalgoros)
https://www.facebook.com/groups/trinamatei/

Fuera las guerras

Quiero despejar la mente para no pensar en la complejidad humana,
en la intrincada maraña de los sentimientos,
en las noticias que alarman y causan dolor
mientras hierve la impotencia en nuestra interioridad.
Quiero cerrar los ojos para no ver gente secuestrada,
negándole la suma fructífera de sus días,
mientras se silencian los derechos que no se respetan
y las organizaciones claman como una bandera de orgullo
que nos denigra e indignifica,
pisoteándonos con su maldad y afán de poderes imperantes.
No quiero ver reyes luciendo sus galas por las calles suntuosas,
ni colectivos rindiendo pleitesía.
Hace ya mucho tiempo que pasó el mal denominado descubrimiento
aunque sigue la invasión en los países que representan supremos
intereses por sus recursos naturales.
Dejen ya de matar niños inocentes, sin conciencia ni compasión,
restándole al mundo positivo futuro.
Fuera las guerras, el hambre, la miseria, la maldad,
los cuerpos esqueléticos arrastrándose por un mendrugo de pan,
la droga que aniquila y destruye, alimenta mentes desequilibradas,
y vacía el odio, sobre los demás.
Seamos auténticos, aceptando culpas y errores,
abriendo nuevos senderos de esperanza,
donde no se contamine el ambiente
y los animales que son más conservadores que nosotros,
puedan vivir libres en su hábitat,
que no se jacten ricachones malsanos del heroísmo
de matar ballenas indiscriminadamente
y enrojecer con sangre, las crestas de las olas,
ni de provocar huida despavorida de la fauna
en medio de vegetación azotada por las llamas.

Hoy me propongo, como docente y poeta,
seguir elevando mi protesta sentida, sufrida,
que tal vez, llegue a muchos, se convierta en eco o clamor,
o en simple desahogo para que no me ofusque la tristeza!

Violencia en contra de la Paz

Violencia que se agita en el pecho inconforme preñado de injusticias.
Trauma agigantado en complicidad con el viento y la soledad.
Ausencia de cariño. Arrullo que se perdió en la saya inexistente.
Vacío de madre. Orfandad prematura del padre machista.
Amarguras que se suman convertidas en odio hacia el hombre mismo.
Culpas que pagan otros, receptores de rencores y cizañas.
Armas blancas que agitan estertores agónicos,
ojos atónitos, abiertos ante lo inesperado.
Hilo de vida debilitado y roto, sin tiempo de pensar en las incomprensiones.
Vidas que se malogran innecesariamente.
Sueños y esperanzas truncados en segundos,
mientras Dios más se aleja de esas mentes enfermas sin cabida para la compasión.
Orgías de triunfos criminales,
caciques del terror escondidos tras los ladridos de los perros.
Sombras filosas en la noche mortecina, ¡violencia!, gritos!, ¡ecos!
Charcos de sangre burbujeantes.

Niños que sufren

Dios, con los trajes de piel, andan niños mugrosos y descalzos.
Las lánguidas miradas reflejan lo profundo de sus almas.
¿Por qué si son tan pequeñitos no tienen calma
y cambian el juguete por dolor?
Dios, ¿en dónde está el amor materno?,
en dónde se ha ocultado el que engendró?
¿Por qué andan por las calles polvorientas
con la carne esquelética, extendiendo la mano
y pidiendo en tu nombre?
Si tú no eres injusto, ¿por qué sufren los niños
y se mecen al viento como débiles juncos
deseando que alguien los corte y les prodigue su calor?
¿Es que el pecado es tan grande que estamos cortados de tu
presencia?,
¿o es que somos tan incrédulos que construimos nuestras propias
piedras de tropiezo?
¡Dios mío!, ayúdanos a levantarnos, a tomar conciencia
para aminorar la cantidad de niños que ahora sufren.
Ayúdanos a renovar nuestro interior para que las tribulaciones no
se extiendan y solo sean momentáneas.
Ayúdanos a eliminar las guerras entre los padres, los hombres, las
naciones,
los desquiciados por el afán de poder,
sánanos y permite que nazca tu luz en nuestros corazones
como las nubes blanquecinas en el amanecer.

La Paz es un sueño

No cesa la guerra,
mientras odie el hombre,
la paz es un sueño, bien universal,
pacto entre los jefes para que en las guerras
se puedan matar.
Hay quien la defiende, la cree progresista,
es el vivo ejemplo de todas las mentes
con sello machista.
Degeneran razas, aumentan los muertos.
¿Por qué si el hombre es inteligente
a veces actúa con gran desacierto?
La guerra es reflejo de degradación,
del animalismo que en muchos habita
y que se convierte en nata intuición.
La paz vence al mal, letal condición,
con ella se logra la tranquilidad,
toda la armonía que hace feliz
a la humanidad.

Jesús Quintana Aguilarte.

Nace en la Habana, Cuba el 15 de octubre del 1948, cursa estudios en la escuela privada del Dr. Herrera Castellanos hasta el 6to grado, al triunfo de la Revolución de los Castro en 1959 se interna en los campos del Escambray en Las Villas para realizar labores de alfabetización.

Continua estudios en la Secundaria Básica José Martí donde se gradúa en el 1963, llevado a filas en el Servicio Militar Obligatorio termina en el 1966 y se incorpora al Tecnológico ISPAJAE graduándose de Químico Analista en el 1971, ingresando en la Ciudad Universitaria CUJAE, donde se graduó de Ingeniero Civil en el 1976.

Trabaja para CUBALSE mientras comienza a escribir poesías para el Caimán Barbudo, en 1994 abandona el país rumbo a los Estados Unidos, cansado de la política de puertas cerradas del Partido Comunista, Vive actualmente en Elkhorn estado de Wisconsin donde después de trabajar como camionero por su cuenta, funda junto a su amiga Àngels Martínez Soler de Barcelona-España, la Editorial QM.

Al soldado desconocido.

No importa si me cubre una bandera,
oh si es justa la razón porque me inmolo
solo sé que no es justo que yo muera
en tierras de nadie, abandonado y solo.

La guerra es una artimaña del reparto,
de los que se invitaron solos a la fiesta
los que no sacrifican nada en esas gestas
ni saben lo que sufren las madres en el parto.

Después si tú regresas te llenan de honores,
te colman el pecho de medallas y estrellas
pero ellos no han vivido, ni vivirán los horrores,
de ver a los héroes que murieron sin ellas.

Hoy tengo la tristeza de inspirarme en esta imagen,
puedes pensar que es un regreso triunfante,
quizás sea la derrota, y ellos quedaron al margen,
pero puedo asegurarte, no es un momento importante.

Por eso odio la guerra, me inspira más la alegría,
crear un poema hermoso, quizás una bella prosa,
decirle a Silvio mi hermano, claro que me gustaría,
y a las damas que me lean muchas palabras hermosas.

Soy de una isla azul.

Soy de una isla azul sentada en el Caribe,
que antaño fuera un faro de luz y de alegría
como no recordarla si yo en mis correrías
cantaba una esperanza soñando que era libre.

Unos extensos valles anclados como naves,
producían el azúcar, el tabaco y el café
y en las altas colinas donde vuelan las aves
las frutas más hermosas, los mangos del Caney.

Playas que compiten por ser de las mejores,
ciudades tan antiguas, de eso España da fe
por sus parques se pasean las damas y los señores
con sus sombreros en la mano y apretados corsés.

Éramos gente humilde trabajando la agricultura,
con las ideas que dieran Gómez, Maceo y Martí
no nos gustaba la guerra, solo crecer y vivir,
apoyados en el trabajo, el deber y la cultura.

Por eso es que yo les juro, en esta o en otra vida,
cuando en mis sueños recuerde todo lo que vivimos
como una ola gigantesca se barrera nuestra tierra
y junto con Dios reconstruir a nuestra Patria querida.

Buscando respuestas.

Las ilusiones lejanas ya no buscan las repuestas
convincentes y seguras que les responde el viento,
en sus tonos ligeros con sus amores de fiestas,
o la frialdad de las frases hechas de reglamento.

Son respuestas que en la vida apartar de ti quisiera,
ocultas a las intrigas que solo animan las dudas;
las respuestas verdaderas nacen puras y sinceras,
de los amores, de sueños y de cuerpos que se anudan.

Yo al abrirte mis brazos me olvide de otras mujeres,
y mi pensamiento siempre vuela seguro a tu nido,
olvidando las distancias, las metas y los placeres,
donde muchos se declaran para después caer vencidos.

Yo siempre seré tu roca que yace firme en la tierra,
como un trozo de vida que sin ti seguir no quiere
a veces quiero levantarme, pero tu amor se me aferra,
y puedo jurarte amor, que mi alma así te prefiere.

Quiero ser dueño de tus cosas.

Yo quiero ser la calma que rodea tus cosas,
el perfume, la mies que decora tu pecho,
y quisiera también convertirme en el lecho
que acomoda febril tus noches silenciosas.

Quisiera ser la Luna que tu sombra sortea,
ser el triste peregrino que tus besos implora
el zorzal bullicioso que en tu jardín chapotea
y bañarme en la fuente de tus aguas tan puras.

Quisiera ser la mano que acompaña tu paseo,
confundir nuestros pasos al llegar a la orilla
rehacer nuestras marcas que las lluvias borraron.

Ser pirata en un barco que en tus playas fondeo,
y combatir con todos por conquistar tu villa
eso y que me ames es todo lo que deseo.

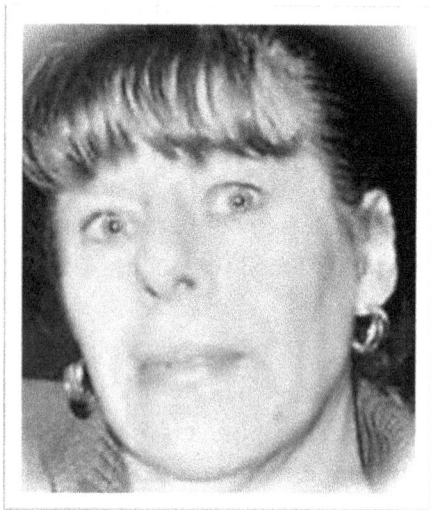

María Amalia Raina

Nacida el 11 de Julio de 1955 en San Miguel provincia de Buenos Aires, República Argentina.

Hija mayor, del matrimonio de Carlos Bautista Raina y de Amalia Raina y un hermano (Juan Carlos Raina).
Madre de 4 hijos (Leonardo Javier Zamora, Gastón Ezequiel Zamora, Noelia Magali Zamora y Melina Jazmín Zamora).

Cursó sus estudios secundarios en el Instituto Esteban Echeverría de la localidad de Munro.

Amante de la poesía, hace 5 años comenzó a escribir con la guía de su mentor (Juan José Martin San Martin).

Héroes olvidados

Un hombre que se despierta entre sollozos,
recordando aquellos días que tristes pasaron,
que, al verse encerrado en aquellos pozos,
cuando en su mente solo había un deseo.

Una madre despierta en la noche llorando,
por aquel niño que olvidado se quedó dormido,
en aquellas gélidas islas que están llamando,
con un grito que desgarra el alma al perderse.

Una nación que reclama por aquella locura,
por esos héroes olvidados que en su mente
solo tenían una sola petición, que la cordura
llegue a las tierras de muerte y desesperación.

Solo un grito que termine con toda la tristeza
y de la libertad a todos aquellos muchachos,
que aun siendo niños dieron hasta su vida
y que en sus mentes tatuaron la palabra PAZ.

En sus mentes un sentimiento

Tan solo tres letras difíciles de olvidar,
pero el mundo las pierde con facilidad
y hacen de esta tierra un triste lugar,
lleno de espinas que dañan su pensar.

P parábola de una fantasía de amor,
caminando por los caminos despejados,
sin barreras ni ideologías y el clamor
de tener un universo limpio, sin guerras.

A anhelos de la multitud que clama
y ya no quiere recoger los pedazos
de aquellos, que marchan sin calma,
por la destrucción con un solo pensar.

Z ciudades que derruidas y mustias
se levantan de aquel letargo gritando,
nunca más destruiremos nuestro hogar,
en sus mentes un sentimiento va calando
y una palabra que jamás olvidaran... PAZ.

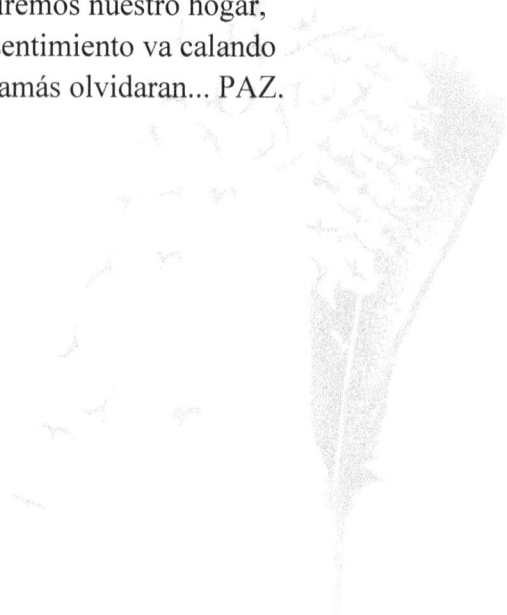

Un sueño de Paz

Un sueño que se anida hondo en mi pecho
y el sentimiento que refleja lo que quiero,
un mundo lleno de amor y como techo,
las estrellas titilantes que llenan los cielos.

Encontrar un motivo y poder seguir viviendo,
en un jardín que refleja mi ternura y mi sentir,
que envuelve los colores que, de norte a sur,
se derraman buscando felicidad sin mentir.

Poder pintar en el cielo un gran corazón
y las naciones tengan una única bandera,
que, en el centro como insignia de bendición,
lleve la palabra PAZ con equilibrio y estabilidad.

Un sueño que triste se funde en mi mente,
al entender que la realidad es otra y encontrarme
con el odio, la frialdad y la conquista de intereses,
haciendo que mi alma llore y deje de susurrarme.

La humanidad clama Paz

Desde que se creó el mundo,
la palabra paz, no significo nada
siempre, guerras y peleas sin razón
odio, rencor en nombre de una cruzada.

Solo un puñado de personas al poder
quieren, imponen y obligan a pensar,
siempre como piensan ellos y conquistar,
al más débil, con el afán de despojar.

No piensan, no tienen sentimientos,
hacen y deshacen destruyendo,
toman por la fuerza lo que quieren,
no oyen a su alrededor el estruendo.

La humanidad que ruega por la paz,
por ese sentir que hace feliz al alma,
y da la libertad que busca el corazón,
siempre pensando en lo que da calma.

Marta María Requeiro Dueñas.

Nací en Ciudad de La Habana, Cuba, el 7 de diciembre de1960. Técn. Sup. en Org. y Plan. de la Ind. Sideromecánica, Instituto Superior Politécnico Lázaro Peña, Ciudad de La Habana, 1989.

Emigré a Chile en noviembre de 1999. En el 2006 me nacionalicé chilena y desde el 2012 resido de manera permanente en los Estados Unidos.

Mis escritos pueden leerse en los diarios virtuales: 14ymedio (diario de la disidencia cubana en la isla). Cuba Democracia y Vida (Suecia). Diario de la Marina (París, Francia), estos dos últimos para los lectores de habla hispana en el continente europeo. También he escrito para "Tv y Radio Miami Internacional" que dirige el periodista argentino Agustín Rangugni.

*Libros publicados:

Lo que no nos mató, 2016 (narrativa) y Alma con alas, 2017 (poesía) y Jotabeando, 2019 con poemas escritos en Rima Jotabé y alguna de sus variantes.

En el 2017: Ganadora del Premio Especial que se destinara a la Poesía para Niños en la 9na Edición del Concurso Internacional de

Poesía El Mundo Lleva Alas, que la Editorial Voces de Hoy auspicia todos los años en Estados Unidos, con el cuento en versos Maruja la lagartija. Antes de finalizar el año presenté mis dos libros en "Miami Book Fair" y en "Ecuador Fair of South Florida", dos ferias anuales del libro con carácter internacional que se celebran en la Florida.

Marzo 2018: Finalista de la Séptima Edición del Certamen Poético Internacional de la Rima Jotabé (Valencia, España), con el poema Princesa.

Abril 3: Creo la página de Facebook Jotabeando, con el propósito de reunir a los amantes y seguidores de la Rima Jotabé en esa red social. El 28, en dicha página, publico un Jotabém titulado Jotabear. Al ocurrírseme un gerundio y un verbo a partir de la palabra Jotabé, Juan Benito Rodríguez Manzanares crea el Diccionario de la Rima Jotabé con la conjugación del verbo jotabear, el mismo se encuentra en su página oficial.

*Mayo 5: El excelentísimo Sr. Juan Benito Rodríguez Manzanares, me nombrada Embajadora de la Rima Jotabé en La Florida.

Paz

Paz, la palabra que imprime quietud,
el objetivo de toda contienda,
punto principal en cualquier agenda,
e indispensable para la salud.

De norte a sur, en cualquier latitud
se ha de cuidar como preciada prenda.
Que desde el joven al viejo comprenda
el beneficio de su magnitud.

Aunque se mire a la estrella lejana,
o que de la tormenta se oiga el rayo,
es sentimiento, bálsamo que sana.

Sinfonía que preservo y explayo.
Inmarcesible, no pierdo su diana,
y como lema en mi entraña subrayo.

La paz de tus ojos

La paz que encuentro en tus ojos
unge de calma mi vera.
Florece la primavera
en donde había abrojos
y descorre los cerrojos
donde se halla mi alegría.
En ti encuentro poesía.
¡Dichosa yo de encontrarte!
Contenta iré de llevarte
por siempre en la vida mía.

Alfarero de su Paz

(Jotabé hexadecasílabo u octonario)

Quiso el pájaro ser libre, surcar el aire ligero…
Mas de volar lo privaron, lo privaron del te quiero.

Le anudaron las caricias, le prohibieron el soñar.
y por mucho que intentaba se olvidaba de cantar
De cuerpo y pluma, amasijo. Manojo para llorar.
Hambre de todo y de nada, tan bueno para callar.

Tanto tiempo sometido que había olvidado era
el trino de las mañanas en días de primavera.

Mas sintió calma inaudita desde que se hizo alfarero
y su castillo de sueños pronto pudo moldear.
Vive creando su paz, persiguiendo una quimera.

Alentador desayuno

Dos tostadas y un café...
¡Que temprano empieza el día!
cuajado de poesía,
donde lo que fue, ya fue,
en el pasado dejé.

Nuevo día, buen comienzo,
que impecable como lienzo,
pintaré con la esperanza
de que sé, la paz se alcanza.
¡Más lo pienso y me convenzo!

José Ortiz-Reyes

Nací en San Luis R.C. Sonora México
Febrero 7 de 1955
Estudié en la Universidad De Sonora Carrera de Contador Publico
Durante mi época de estudiante trabajé de cocinero y mesero en una pizzería El Mesón de la Pizza
Donde daba lectura a reflexiones y poemas
Interpretaba canciones de tríos trova y música de nuevo canto

Tuve un accidente quedé cuadraplégico por fractura de columna vertebral recuperando brazos manos y voz tengo nueve años motivando personas con discapacidad escribiendo reflexiones en los siguientes portales:

Poetas del Alma
Destilando poesía
Poetas de Tijuana
Un Grito en el Desierto
Admiro la vida/Amistad sin fronteras
Familia Unison
Deshago de Tu sentir .de alma y corazón

Soy coach de discapacidad
Peer mentor

Doy charlas para mujeres víctimas de violencia y consejería para prevenir adicciones

Le escribo a la vida y al amar vivir

Mi Seudónimo es: MAESTRO CHECHE
Por haber sido maestro por 10 años en Universidad de Sonora, y en Bachillerato

Para contactarme, escríbanme a:
joseortizreyes55@yahoo.com

FACEBOOK: https://www.facebook.com/joseortizreyes55

Como no habitar en ti

Como no habitar
en tu vida
sí reside en tu alma ese amor
que abraza la vida.
Como no habitar
en tu corazón
su vibra desde
el momento de respirar suspirar llenando los sentidos de pasión.
Como no habitar
y ser residente
si se transpira
paz, tranquilidad
paciencia y armonía con la cercanía de tu cuerpo al mío para disfru-
tar las mieles del placer.
Como no habitar
si eres la esencia
que da luz a mi vivir que de verdad nos aceptamos tal cual somos
ángeles o demonios si nos arropamos con ese amor de grato vivir.
Como no habitar
en ti si eres esa
transparencia esa luz de suave brillo de tu angelical mirada que da
vida a mis sueños que nunca me abandonas.
Como no habitar
en ti si cada partícula que respiramos nos da la lucidez de expresar
todo nuestro sentir.
Por eso al habitar
en ti fuiste ese lucero a través de tu mirada dio fuerza y soporte a mi
existir
Por eso habitar
en ti fue ordenar mis sentimientos
mis pensamientos todos llenos de bondad respeto por esa armonía
que me dio tu ser

que lleno todo lo que un día soñé

Como no habitar en tu vida si cuando abriste tu ser y dijiste habí-
tame, mi amor

Residimos con pasión nuestras vidas como no habitar en ti.

La Paz

Como caminar por la vida
como transitar por tu destino.
Sin tomar en cuenta por lo que pasas,
pobrezas, fatalidades, guerras,
asaltos, violencia, hambre, desesperación,
ansiedades tristezas y desolación.

Donde la falta de preparación
por un lado, por otro el exceso
de mano de obra clasificada.
Personas luchando por el poder
otros viviendo del poder.

Observar al mundo como miles
de millones mueren en la más cruel
hambruna, viviendo de comer basura.
Vestirse de basura y morir con lágrimas,
olvidados de un sistema social.

Como lleva encontrar esa paz.
Como lleva desprenderse de amor.
Como lleva tratar de dar solución,
de recuperar esa salud bienestar.
Si se ha perdido la fe, la esperanza.
A quien pedir perdón, a quien perdonar,
a quien darle la mano en señal de la Paz.
Como ondear esa bandera blanca
sin tacha en nombre de la anciana Paz

Si el mundo se ha contaminado.
Por un lado, corrupción delincuencia organizada,
narcotráfico y lucha por la supremacía

de las regiones de paso comercialización.
Distribución imponiendo con sello de violencia,
muerte y destrucción, es por eso que mi
Tierra está cansada necesitamos esa Paz.

Todo esto ha elevado los costos de vivir.
Debemos reaccionar ante todas las dificultades
en lugar de coleccionar heridas, saber sanar
heridas para enfrentar la vida saludable.
Para poder ser antídoto de felicidad

Nuestra humanidad ha crecido con un vacío
de esperanza con una voluntad debilitada
por la pérdida de esa maravillosa fe y amor
a su prójimo como así mismo, tenemos que aceptar
la realidad y vivirla con aplomo. Así luchar
para lograr esa paz tan deseada.

Nuestro futuro está en unificarnos mano con mano,
apoyar y levantar al desvalido, llevar educación y salud.
Enseñar a valorarse respetarse y esforzarse por
rendir fruto con mucha solidaridad y voluntad
para hacer nuevos caminos, romper paradigmas.

Para enfrentar humanamente ese invierno, carente
de calor para ver florecer nuevas primaveras, aunque
las nuevas flores, tengan espinas y nuevas marcas de nuestro
camino, y seamos capaces de afianzar residuos
de ilusiones y tener que tejer nuevas esperanzas, llenar de fe
y no dejar que muera el amor por esta humanidad.
Todo eso en nombre de La Paz.

Paz ilusión de vida

Como transitar por el camino
para lograr La Paz universal.
Dándole a la vida con pasión
más de lo que recibimos.
Ama La Luz de la vida
que al llover esperanzas
amamos el arco iris.
Que tranquilidad y quietud.
Cuando enfrentas la tormenta
buscas donde guarecerte,
buscas proteger parte de ti,
parte de tus pequeñas posesiones.
Cuando enfrentas la tormenta
danzas en medio de la muerte.
Deseos de superarte, no es un
macabro anhelo, es afán de supervivencia.
Es tan corto el tiempo de vivir
que hay que aprender a barbechar,
preparar nuestra madre tierra
para hacer florecer La Paz
y en el firmamento brille
esa ilusión de vivir y conservar
ese amor por nuestro semejante.
Donde rebose la alegría llena de calma
con una sensación de plenitud,
de lucha real por mis hermanos
que desean ver luz en medio
de esa intransitable oscuridad.
Esos instantes de fortaleza
de decisión de apoyo sin buscar perfección.
Nos llenará de grandeza si rescatamos

Almas y las llenamos de amor,
celebrando esa paz en la vida
que se sentía inexistente y enterrar
esa soledad. Emprende un viaje donde tus maletas
no lleven maldad ni fango ni contaminación.
Despojado de egoísmos donde venzamos los miedos
y encontrar esa paz como un vaso con agua
para charlar la sed en árido desierto.
Que al brillo de las estrellas
tejamos nuevas esperanzas llenas de luz
donde subsista el verdadero amor
Ya nos más banderas blancas manchadas por sangre,
ni palomas blancas caídas por la. Contaminación.
Que La Paz sea la verdadera ilusión de vida.
Tenemos que luchar por lograrla.

Carlos Wilson Rodríguez

Nací en Zapara, ciudad de: Tacuarembó, Uruguay. Estudie Cine en Cinemateca Uruguaya (cámara y actuación), también en el Instituto de Artes y Ciencias Cinematográficas de Hollywood con una ayuda de la embajada.

Comencé mis pasos en radios y canales montevideanos en los ´80 volví a Tacuarembó, mi ciudad natal; en los ´84 me dedicó de lleno a la radio. Ya siendo periodista, decidí proseguir estudiando, es así como, a los 55 años entro en el C.U.T. Centro Univ. de Tacuarembó de la UDELAR, Universidad de la República, para lograr una tecnicatura en Ciencias de la Comunicación, convencido de que querer es poder. Desde entonces soy asesor de programación general de radios, conductor productor de mi propio programa de radio «Entre mates, guitarras y otras yerbas» en Fm radio en la que trabajo desde hace 24 años. Participo en varios grupos literarios digitales con algunos trabajos varias Antologías dentro y fuera del país Impresas y Digitales.

En mi programa de folclore, sábados y domingos a la mañana PLUMAS & LETRAS. Espacio dedicado, a la poesía, escritores, y sus letras, en su propia voz.

Mi primer libro es DESENAMORANDOME de poesías y versos ya haciendo planes para mi próximo libro en este 2019

161

¿Podremos vivir en Paz?

La justicia cada vez más distante, de la verdad
la delincuencia mercader de muerte, y perversidad
la Paz, es mera palabra en la vida cotidiana
la ineficacia legisla y la muerte es soberana
a eso le llaman *casos*de la convivencia humana.

Un disparo, un insulto, un golpe, una muerte,
busca cobrar la venganza, sin educación el inocente,
luego más tarde llega la proscripción sin tardanza,
como lo lograran, vacíos de saber, la razón me darás,
con todo esto que vivimos, podremos vivir en PAZ ¿

Leyes separatistas que apartan a nuestra sociedad
en etnias, grupos y más, mientras hablan de libertad,
razas, credos, color, creencias, como nueva sociedad,
nos apartan de los hermanos, con ideas de maldad.
Otros demandan obligaciones y nueva razón social.
Dime hermano mío, de qué forma podremos vivir en PAZ.

Los que mandan, son verdaderos, vendedores de ansiedad,
Mercaderes, de mentiras, de vicios, y perversidad
venden la droga que mata, envenena a la juventud
y crean centros que los rehabilite, para venderles Salud
Son esa escoria, la clase de la que no se puede zafar.
Dime, como, donde cuando, podremos vivir en PAZ.

Estrechemos las manos en un abrazo fraterno,
convenzamos a los hermanos y luego a todos los pueblos
de que solo hay una forma de vivir la ansiada Paz.
Es la lucha por nosotros, entre nosotros y nadie más
y mostrarle al mundo entero, a los que dicen gobernar,
que el pueblo puede y sabe qué hacer para vivir en PAZ.

Violencia

Somos fruto del amor
y por el nacemos, llegamos
Con amor nos envuelven
arrorró caricias y besos,
y prendidos al pecho, de esa mujer
crecemos al calor materno, mientras
nos mira crecer, ella sueña
nuestro futuro universo.

De adultos cambiamos, porque,
no se realizan quizá,
ni se dan nuestros sueños
pero ese no es motivo para
inseguros, volvernos violentos
y desbordados de ira, de rabia
descargamos la furia en...
en ese ser tierno e, indefenso.

Recuerda si quieres medirte,
si quieres volcar todo eso,
tu odio y tu bronca, busca un hombre,
hazlo con altura, cobarde,
no golpees a esa criatura, bella
Frágil flor de hermosa figura,
que es obra de Dios y de madre natura.

Dime, quien te ha parido,
¿Te hizo luz trayéndote al mundo?
Te amamanto, educo y dedico sus días
es el pago que le haces,
¿En ella descargando tu ira y fastidio?
¿Qué tan hombre te sientes? ¡Cobarde!

Maltratando a mujeres
¿Y cometiendo homicidio'?

¡Pelea con hombres! si eres,
muestra tu valentía.
Piensa, sin ella que solo estarías,
bebiendo tu propio veneno,
muriendo por una de ellas.
Golpearla es un acto cobarde,
además, te muestra, una bestia
y cometes violencia de género.

Y habló el mar.

La arena, blanda, aun mojada,
por las olas, recién visitada
Sobre las piedras, la espuma,
salitre que vomita el mar,
que por horas las golpea,
nos devuelve la marea, muestras
de cuanto le contaminamos,
tiempo enviando el mensaje, y nadie
lo escucha, está implorando piedad.
enardecido, descargando su furia,
su locura, embravecido porque en el
el hombre, descargas tu basura mortal.
La materia sobrante, las pruebas del átomo,
contaminante de tu basura nuclear,
en barriles, que, en el fondo, profundo
de su hermoso vientre manda a parar,
matando, las especies, y enfermando
su mundo tan hermoso, sin tener piedad.
Hombre lo haces adrede, de pura maldad,
porque sabes, que lo que haces,
lo estás haciendo muy mal.
Como si fueras dueño de todo, el universo,
recuerda; apenas de este mundo eres caminante.
Hombre, que asesina a su propia madre,
con él, no se debería, tenerte piedad.
Por homicida, con toda la ley se te debe condenar,
y por castigo, cuidar a tu madre, limpiando
su tierra sus ríos, las ciudades y el mar.
Enseñarte a rezar y a pedir por el mundo,
por todos, la tierra y la Paz.

Noche de Paz. Nuevo año

Bendita PAZ, tan anhelada
Desiertos en guerra, que de PAZ hablan
Sangre derramada, a veces en vano
PAZ, envuelve en tu manto extiende tu mano
a todo el planeta, cada rincón de esta tierra
evita que escuchemos, el llanto, ahogado
de niños, hombres, mujeres, jóvenes y ancianos.

Felices las fiestas ¿cómo? ¿Cuándo?
Si hay otros, cubiertos en llanto.
Si hay otros, cubiertos en sangre, o locos de hambre,
no importa la frontera, ni su bandera
ellos son también mis hermanos.
PAZ llega pronto, o nos terminamos
unos a otros con nuestras propias manos

Bendita PAZ que tanto esperamos.
Aparece por fin, urgente, este año
junto con el amor, que nos profesamos
para este año nuevo como cada año.
Sin trapos, sin razas, ni credos
sin clases, sin colores, como hermanos.
Vivir todos en PAZ   al desearnos.
FELIZ. NUEVO AÑO.

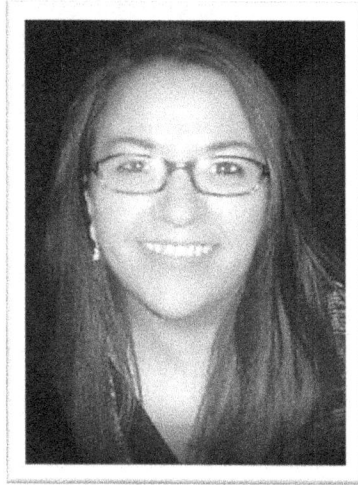

Poemary

Creció en Ojinaga, Chihuahua, México; siendo introvertida, en la adolescencia tomó el hábito de escribir y así comunicar sus emociones y pensamientos en todo momento.

Siendo de clase media-baja tuvo que abandonar sus estudios y emigrar hacia Phoenix, Arizona en los Estados Unidos donde reside desde el año 1992.

En el año 2004 incursiona de lleno en el ámbito poético y por 4 años fue coordinadora del foro de poesía "Poemundo" donde publicaron sus versos más de 200 poetas de todo el mundo vía internet.

En ese mismo tiempo fue conductora del programa de radio "Abrazos del alma" en el cual promovía la poesía de docenas de poetas de todo el mundo, también vía internet.

Fue colaboradora en revistas locales como Onda X, Mi Conexiones, Paisano, Somos y Escándalo.

Autora del libro de poesía "Con el alma desnuda" el cual fue editado en Buenos Aires Argentina en el año 2006.

Coautora también de la primera Antología de Poetas Unidos "Sueños Compartidos" editada en Phoenix, Arizona por la editorial Orbis Press, en Agosto del año 2007.

167

Ha participado en varios eventos culturales y literarios, como la Noche Bohemia Anual en Salinas, California; en el Encuentro de Poetas de la Migración en Yuma, Arizona; Y en Phoenix, Arizona en exhibiciones culturales de la organización CALACA; en el Festival para las Artes Latino Americanas y en el Encuentro de Escritores Iberoamericanos en los Estados Unidos.

Poemary además es la fundadora, organizadora y presentadora del evento cultural "Viernes de Bohemia" que se realiza desde mayo de 2010 hasta la fecha, evento en el cual promueve el talento local en todas las ramas.

Actualmente está trabajando en la edición de su segundo libro de poesía, el cual planea publicar antes de finalizar este año.

Guerra y Paz en los sentidos

Puedo degustar un beso quedo
el sabor de un adiós sin vuelto
las lágrimas de un padre bueno
al despedir a su hijo lleno de sueños.

Puedo oler de la guerra el suelo
del gobierno su dinero
y sus incontables secretos
del pueblo sus callados pensamientos.

Puedo ver niños hambrientos
unos rifles sedientos
militares corriendo
escondiendo sus miedos.

Puedo oír el llanto de los pequeños
y de uno que otro viejo
postrado ante sus muertos
y el ladrido de sus perros.

Puedo sentir su dolor a pecho abierto
la tumba de sus deseos
heridas ardiendo como fuego
ambos bandos siendo objeto.

Quisiera tocar su corazón yerto
ponerlos frente a un espejo
quitarle al mundo lo ciego
que sean sus propios dueños.

Para poder ver con paz
poder escuchar la paz
poder oler a paz
poder degustar su paz
poder sentir un mundo lleno de paz!

La Paz si existe

¿Y si le damos una oportunidad a la paz?
Podríamos, por ejemplo
orar con fe en el templo

dar abrazos en la calle
dar un beso a tu madre
sonreír al desconocido
comprar comida al mendigo

acariciar una mascota
dar un piropo a tu esposa

aspirar el aroma del café
escribir un poema en papel

cargar un bebé en brazos
a solas dar un paseo largo

colorear un libro con tu hijo
brindar por la vida de un amigo

cantar una melodía suave
admirar el vuelo de un ave

describir a un ciego el paisaje
visitar nuevos lugares

mirar tu vida en viejas fotos
perderte en el amor de sus ojos.
La paz trae consigo felicidad
ya no estés triste... ¡La paz si existe!
¡Dale una oportunidad!

El color de los latinos

Blanco, pureza, amor... paz
asi son algunos latinos
rubios como los gringos
pero con un alma singular
en ella no cabe el odio
y mucho menos un perfil racial.

Amarillo, como el sol radiante
y siempre esta vigilante
con sus ojos de oriental
igualmente, espiritual
pero con sangre latina
lo que lo hace ser particular.

Rojo, corazón, fuerza y valentía
como los grandes guerreros
aquí se quedaron desde aquel día
cuando las tierras vendieron
y no fueron más de México
pero ellos lo siguen siendo!

Café, como la bebida importada
con el mismo color y sabor exquisito
orgullosos de su estampa
trabajadores del campo infinito
también los miras con corbata
profesionales trabajando en edificios.

Negro, como noche oscura y apacible
de temple que no es temible
también hay negros hispanos
no los quieras ver arcanos
que es un secreto a voces
saben divertirse como los dioses!

El color de los latinos
es diferente por fuera
por dentro es multicolor
sabe muy bien ser amigo
hasta de su propio enemigo
y siempre sabe hacer un favor.

Por eso, no te fijes en el exterior
que muy fácil puedes equivocarte
por doquiera hay obras de arte
que parecen ser un clon
Racista... fíjate bien por favor
que el latino viene en diferente color!

La muerte huele a vida

¿Dónde comienza la muerte?
¿Acaso comienza donde la vida?
¿Y dónde la vida...?

He nacido un 2 de diciembre
pero he muerto también ese día
9 meses viví diferente
antes de eso, no lo recuerdo todavía.

42 diciembres habrán pasado pronto
la marca de estas horas está en mi cara
la marca de lo vivido está en mi alma

¡Y mi alma nunca muere!

Dicen que la vida huele a muerte
yo digo que la muerte huele a vida
nada muere, todo vive una vida diferente.

Pues, ¿Dónde comienza la vida?
¿Acaso comienza donde la muerte?
Pero... ¿Dónde comienza la muerte?

Manuel Ibarra

Venezolano, docente, poeta y escritor. Un apasionado de la literatura infantil y la poesía. Su principal deseo es contribuir al fomento de la lectura en niños, jóvenes y adultos.

Sus primeros cuentos literarios, infantiles, fantásticos y humorísticos [La abeja campeona/la fiesta de las vocales/la carreta/etc.], se publicaron en páginas de internet en el año 2008.
Su primer e-bocks [Entre risas y cuentos], vio luz en el año 2012. Así como su libro de poesía infantil. Ese mismo año público su primer libro físico [El Mágico Mundo de los Cuentos Infantiles].

Su escritura es continúa teniendo en sus archivos más de 400 cuentos en diferentes géneros literarios. Ha participado en numerosos Antologías como la de Editorial Hispana del año 2016 [Cuentos Infantiles latinoamericanos]. Pertenece a varias Organizaciones Literarias como Poetas del Mundo/Unión Hispano Mundial de Escritores / Sociedad Venezolana de Arte Internacional etc.

Su último libro denominado [Los cuentos del tío Manuel], fue publicado en 2018. Actualmente trabaja para la edición de otro libro.

Versos por la Paz

I

Que mis versos iluminen
La Paz en el Continente
Es un llamado a la Unión
De los Pueblos y su gente.

II

Quiero una América libre
Sin odios y sin rencores
En donde reine la Paz
En todos los corazones.

III

Me dijo un poeta versado
De la sociedad argentina
Basta de guerras mi Hermano
Que solo dejan heridas.

IV

Si la Vida es un suspiro
Que nos regaló el Creador
Quiero tenderte mi mano
Para aliviar tu dolor.

V

Yo nací en estas riberas
Del Caribe primoroso
En la hermosa Venezuela
Donde se baila joropo.

VI

Nuestras hermosas mujeres
Tienen figuras de Diosas
Y le cantan a la Paz
Con una voz melodiosa.

VII

Estos versos por la Paz
Es un regalo especial
A los Pueblos oprimidos
Que claman por Libertad.

El símbolo de la Paz

I
Tenía que ser la Paloma
El símbolo de la Paz
Pues con su blanco plumaje
Ella irradia Libertad.

II
Es un ave muy hermosa
Con un canto celestial
Capaz de calmar el llanto
De un niño por su mamá.

III
Quiero tener de mascota
Aquella blanca paloma
En una jaula de oro
Muy cerquita de su alcoba.

IV
Desde épocas remotas
Ella ha sido venerada
Por reyes y por plebeyos
Por el novio y por su amada.

V
No deberían las Palomas
Estar metidas en jaulas
Ellas mueren de tristeza
Al ver cortadas sus alas.

VI
Es un ave majestuosa
Nacida para ser reina
En los bosques y en las selvas
En las llanuras y sierras.

VII
El símbolo por la Paz
Ya tiene representante
Aquella esbelta Paloma
Que brilla como un diamante.

La Paz entre valores y principios

I
Si la Paz en un Principio
Y el Trabajo es un Valor
Todos deberíamos Trabajar
Por la Paz con mucho honor.

II
Valores existen muchos
Como Amistad y Humildad
Pero es la Paz necesaria
Para Vivir en Sociedad.

III
El Pueblo que vive en guerras
No tiene Paz definida
Ha perdido sus Valores
Y el respeto por la Vida.

IV
Valores enseña la Escuela
Principios enseña el Hogar
De ser mis Padres Maestros
Sería un alumno ejemplar.

V
Pregunto un Niño a su Padre
Por un Principio esencial
Hijo de todos los que conozco
La Paz es muy primordial.

VI
La Paz este con Nosotros
Gritaba aquel Sacerdote
Al Policía que arremete
A la Gente con garrote.

VII
Un abrazo por la Paz
Le dio el Hombre a su Mujer
Para enseñarle a su Hijo
El respeto y el deber.

Un canto por la Paz

I
Quiero cantar por la Paz
Esta mañana lluviosa
Porque ni el agua detiene
Mi garganta primorosa.

II
Más que Poeta, Coplero
De rima tradicional
Por eso canto a la Paz
De una manera especial.

III
La inspiración no requiere
De mucho conocimiento
Es algo que no aprendí
Ni en Escuelas ni en Conventos.

IV
Este canto por la Paz
Tiene inspiración divina
Y fue el producto de un sueño
Mientras dormía boca arriba.

V
Do, re, mi, fa, so, la, si
Siete notas musicales
Solo dos riman con Paz
Las demás no van pal baile.

VI
Yo canto para no llorar
Gritaba el hombre afligido
Si le cantara a la Paz
Me sentiría complacido.

VII
La Humildad es un Valor
Otros dirán que es Virtud
Yo prefiero que estos versos
Reciban tu gratitud.

Reme Gras

Nacida en la ciudad de Elda hace 61 años, con inquietudes literarias desde niña, comencé a escribir hace doce años poesías que poco a poco van formando parte importante en mi vida.

Edito mis trabajos en Blogger, donde tengo dos blogs "Siloe-sombra" y "El alma de Siloe"

Colaboradora de portales literarios fui participando en eventos consiguiendo algunos reconocimientos que me animaron a editar mi primer libro en 2015 con la editorial QM; titulado "Diario de un corazón".

Siendo muy bien acogido mi primer alumbramiento literario me anime con el segundo este mismo año; 2017 titulado "Experiencia y vida" y un último libro titulado "Simple humanidad" esté mismo año 2019.

Miembro de la sociedad cultural literaria de mi ciudad Gramática Parda, donde colaboro en recitales y actividades culturales.

Inadaptada

El hueco en la planicie,
el beso que das al viento,
sin destino, ni lugar donde posarse,
esa lágrima que cae al suelo.

Hay un dialogo roto…
entre mi mente y mi cuerpo,
uno, dice lo que necesita
el otro, se mortifica y se niega.

Mi piel muere marchita,
bajo un sol que abrasa,
sin el agua de un beso
que posarse, sobre ella quiera.

Y la mente asombrada de este tira y afloja,
entre el sueño y la necesidad,
entre el deseo y la huida,
agoniza el tiempo que me fue otorgado.

Y reposaran tus sueños…
en la losa de mármol que abrigara tus restos
cuando, ya seas, polvo de estrellas.

Frente al papel

Blanco, como la vida que comienza,
frío, pues carece de conocimiento
absurdo, pues desconoce que le espera,
inquieto, porque desconoce su destino
expectante, porque nada le hirió todavía.

Con hambre de saber y estar,
presente y con futuro,
aunque sin el pasado necesario,
porque el pasado es un grado que sumar.

Temeroso, la vida le va mostrando su lado oscuro
ya no es tan limpio, ni tan blanco…
su perfil se emborrona y se llena,
de palabras que le abruman y entristecen.

Ya no es hoja en blanco,
ya tiene una historia,
un latido emborronado.

Sabe que es una lágrima en su inmaculada piel
y un tachón, y un típex…
ya no es pura su blancura,
y su historia comienza a pesar,
le agobia lo que aprende, se anula y escuece.

Porque frente al papel escrito…
ya pesaba la inocencia de un principio,
hoy duele lo aprendido en cada letra,
la cicatriz de cada palabra escrita,
en un papel en blanco inmaculado.

Un toque de atención.

El silencio...
frente a la llamada,
el olvido,
ante la presencia constante.

La tristeza...
escondida, detrás de la alegría aparente,
el pesar, tapado con una sonrisa,
que ahogas con palabras dulces.

Es el arte de sobrevivir,
entre dos líneas paralelas,
de dos realidades que conviven
en una misma persona.

Porque aprendes a prescindir de algo,
cuando la precariedad te abruma,
creciendo por dentro...
menguando por fuera.

Susana Tulián.

Nació en Jesús María, provincia de Córdoba, República Argentina, el 03 de mayo de 1961.Desde el año 1988 reside en Río Gallegos, provincia de Santa Cruz, en el mismo país. Docente. Arte terapista. Escritora.

En el ámbito de la educación ejerció en distintos niveles y modalidades. En el año 2012 fue distinguida por el Ministerio de educación de la Nación Argentina, con el" Premio Manuel Belgrano".

Actualmente continúa ejerciendo la docencia. Si bien su pasión por las letras la lleva desde su adolescencia, es en el año 2017" cuando publica "Atrevida", su primer libro de poesía contemporánea.

Se unió a Cien Poetas por la Paz con Foto poemas en el 2017. En el año 2018 participa en "la Antología de Cien Poetas Por la Paz" con poemas inéditos "Infancia no te perdono" y "Paloma Herida, como así también en nuevos "Foto poemas". Durante el mismo año comienza a formar parte de la Academia Norteamericana de Artes Modernas. En el año 2019 publica "Confieso Poesía" Asimismo participa en la tercera Antología de Cien Poetas por la Paz con dos poemas: "Barrilete" y "Hay Un Llanto". Fue destacada en "El II Congreso Internacional de Mujeres por la Paz" como poeta.

Recibió el Premio" Gaviota de Plata en literatura." Fue nominada para el premio "Estrella del sur en Montevideo." Participó como jurado en distintos. concursos literarios.

Fue seleccionada para participar de la Antología 2019 De "Grito de Mujer. Festival Internacional."

Desde el norte

Desde el norte vienen letras
como semillas de esperanza
El viento le pone acordes
y la melodía las esparce

No hay cerro que las detenga
ni llanura que se resista
son oasis en el desierto
vertiente entre las piedras.

Desde el norte vienen letras
¡Como semillas de esperanza!
Son el clamor de poetas
que piden Paz sobre la tierra.

Mientras

Hay una espera transgresora
decidida a cambiar ropaje
No lleva el tiempo con ella
ni menos promesa de equipaje.

Sabe de ayeres sin reproches
más de presente y acasos
Hay una espera distinta
¡Que se burla de lo ansioso!
Sabe disfrutar el mientras
¡¡¡No le teme al apuro!!!

Es tiempo

Es tiempo de espejos
Me gustan los altos
Aquellos donde puedo mirar
de la cabeza a los pies la postura...

Los años cumplidos en el rostro,
las palmas de las manos y mis pies descalzos.
Me gustan también los sinceros.
Esos que reflejan los errores,
los defectos que no consigo asumir,
los rencores que debo extinguir,
el amor que me contiene…
¡Y la caridad que no puedo adeudar!
Es tiempo de espejos.
Solo quiero uno
¡Donde logre mi alma encontrar!

Si tu tardas...

¡Ay amor!
Cuando sienta que tu tardas.
Miraré sin cansancio el cielo,
buscando el lugar elegido.
La estación me dará las pistas,
el festejo la memoria.

Me enamorará de nuevo la luna,
y el cáliz de la lágrima será tu boca...
Una y otra vez...
¡Cuando sienta que tu tardas!

Gloria Trejo.

Abogado y Pedagoga mexicana, a su vez que una Escritora, Poeta y columnista, es originaria de Rio Bravo, Tamaulipas, México.

Forma parte de Lucia Macias theater Company, como autora.
Obras de teatro:
¿CINCO DE MAYO, POETA YO? ¿SOÑANDO CON FRIDA?
Es Miembro de movimiento cultural Mujeres poetas, Internacional donde colabora con el Movimiento "GRITO DE MUJER"

-Antología Poética GRITO DE MUJER.
-Antología poética chilena POR QUE MEXICO?
-Antología poética chilena dedicada a Federico García Lorca.
-Antología de Poetas hispanoamericanos QM.

Ha publicado, de su autoría el libro de poemas:
CONTEMPLO ESTRELLAS. Donde la fe y el amor a la vida se imponen. De igual manera, el libro de cuentos infantiles "LLUEVE CHOCO-LATE" donde nos muestra el alma de los niños de una manera sencilla y divertida. Dicha obra de carácter didáctico resalta los valores y principios Universales por medio de cuentos y poema cuentos donde el niño y la naturaleza juegan un rol principal.

Gloria Trejo es voluntaria de Grand Rapids Public School.
yoyitrejo@hotmail.es
@gloriatrejo13 contemploestrellas.blogspot.com/

Soneto Paz.

Sobrevivimos cual fiera herida,
perdidos en selva de concreto,
todos vamos buscando salidas,
en éste cual laberinto hueco.
Ese dolor por la paz perdida,
nos ha vedado seguir amando,
no se cree ya en bienvenidas,
si ya nadie está esperando.

En medio de la paz y la guerra
se nos ha terminado el gozo
y nos han acallado el canto

abatida está nuestra Tierra
necesitamos más que sollozos,
de la paz, su bello blanco manto.

En Paz.

Paz que deseamos día a día
paz que se construye en el silencio,
en el caos, en el dolor y en la alegría,
debajo del sol, en contra del viento,
con hambre y lágrimas en las mejillas,
y en medio de esa interna guerra,
esa que cimbra la Tierra,
se destruyen muchas fantasías,
se pisan muchos sueños,
más aun surgen bellas melodías,
pues aquí nada ni nadie tiene dueño,
y a cada madrugada fría,
siempre le sigue un nuevo día,
paz que nos inventamos,
paz que soñamos y rescatamos,
paz que reconstruimos
con ojos cerrados y manos heridas,
paz conquistada, paz aguerrida,
paz de todos los tiempos
es la paz tuya y la paz mía.

Conjuro

Años y sueños urdidos
en aras de una verdad,
un loco sueño de alquimista
cuyo fuego se transforma
en triste y absurda frivolidad.

Transitando valles y desiertos
el alma llena de miedos,
batallas, derrotas, rezos,
victorias, llantos, risas, amores,
odios, espejos, recuerdos,
velas e inciensos,
hasta encontrar mi piedra filosofal.

Mil verdades encontradas,
mil caminos al azar,
alas de ángel destrozadas,
bebiendo de mi santo grial.

Mis cerrados ojos alzo a los cielos,
y desde mi corazón ladino,
en esta cruzada eternal,
un conjuro lanzo a los cuatro vientos,
impregnado de amor, perdón y
un poco de olvido.

Frágil

México, Venezuela, Perú, braceros, mojados,
inmigrantes, asilados, Siria, refugiados,

Líbano, Irak, negro, musulmán, latino, Israel,
gitano, pobre, ignorante, olvidado, tu, yo, el,
desaparecidos, Ceuta, Marruecos y cubanos,

Tierra, esperanza, fe, Machu Pichu olvidado,
tristeza, injusticia, mapuche, Dakota, llanto,

Miami, rumba, Washington, locura y canto,
balas, misiles, atentado, soldado, lucha, sangre,
rebelión, viudas, huérfanos, liberalismo, hambre,
cinismo, depresión, mariguana, NY, modas,
viajes, espacio, Facebook, web, París, bombas,
autismo y soledad, traumas, cárcel y alcohol,
tráfico, Orgs, homeless, Dow jones,
best sellers, Oscar y políticas sordas,
fronteras y muros, basura y discriminación,
y tan solo un poco, aún un poco de amor.

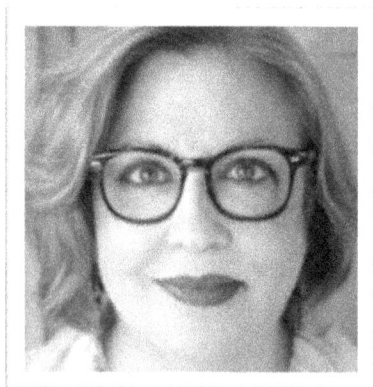

Ángels Martínez Soler

Escritora y poeta, nació el año 1954 en Barcelona (España) donde reside.

Siempre gustó del arte de las letras y escribir, y leer todo lo que a sus manos llegaba, Aunque sus poemas y relatos escritos quedaron olvidados en carpetas y libretas, dedicándose a su profesión Administrativa en diversas empresas en el transcurrir de los años.

Con el tiempo retomo su pasión por las letras participando en redes literarias donde poco a poco se dejó llevar y perdió sus miedos. Creo una Red Literaria y de otras temáticas. (Leyendas y mitología) "Mitología, Leyendas y Universo Poético" También la fotografía y la imagen digital son su pasión.

En 2013 junto a su amigo Jesús Quintana de Elkhorn estado de Wisconsin (EE. UU), fundan QM Editorial-hasta el presente.

En su haber literario ha publicado: En 2013 su libro **"Relatos y poemas de Geli"**, y **"Leyendas Celtas –MyL–Leyenda I"** y en 2017 su libro de Relatos **"Un resquicio de Luz"** Su último libro en abril 2019 **"Ayer se perdió tu nombre"** *Sentimientos encontrados a través del Alzheimer.*

También ha participado en varias Antologías Poéticas como:
2010 en las Antologías "Cerca de Ti", e "Ingenio de Sabía y Luz"
2013 en "Memorias" de Universo Poético, y 2014 "Inspiración" de QM editorial. Y en 2015 "Sueños" *-Antología Primer Concurso Poesía de QM Editorial*

194

Buscando....

Cuerpos humanos en busca de libertad.
Cuerpos humanos en busca de pan.
Cuerpos humanos agotados por la miseria.
Cuerpos humanos huyendo de las guerras…

Cuerpos… que sin rumbo caminan,
buscando encontrar una salida.
Cuerpos buscando esperanza
que les devuelva el alma que se quedó en su tierra.

Logran su meta… algunos cuerpos.

Cuerpos en el camino derrumbados,
inertes con sueños truncados,
en la nada de los que ya no están, …flotando.

Mundo azul, de amargura y sangre teñido.
Un mundo de todos, pero no para todos.
Un mundo de vida lleno…
Una vida muy dura para el ser humano.

Un mundo global y rico, solo para algunos…

El resto, emigrando como siempre ha ocurrido
desde que existen los humanos.
Casi siempre por motivos ajenos a ellos mismos,
hambre, sequias, guerras, trabajo, ideas, credos…

Sobrevivir… esa es la razón por la que se emigra…

Cielo cubierto

Cielo cubierto, gris plomizo.
Mares que caen de las alturas.
Lágrimas de Ángeles torturados
por la indiferencia del humano.

Tras las ventanas mojadas,
tristes miradas desesperadas,
mirando al más allá.
Esperando que amaine el temporal.

Mundos grises,
aunque luzca el sol.
Hambre, miseria y muerte,
aunque brillen luces de neón.

Vidas grises, sin colores.
Tristes promesas incumplidas.
Dolor en la mirada.
Llanto silencioso que apaga las risas.

Torres de babel brillando en la oscuridad,
dorados ropajes que deslumbran.
Bellas y mullidas alfombras,
con miles de billetes forradas.

Espejismos inalcanzables,
dispuestos como tortura,
para explotar a los peones
hasta que sangran los corazones.

Falsos decorados…
para maquillar la gris realidad,
del mundo que habitamos.
Un mundo gobernado por malvados.

Cielo cubierto, gris plomizo,
hoy llueve a raudales…
No miremos por la ventana,
ni perdamos la esperanza.

Luchemos y unamos nuestras manos,
para que cuando amaine,
Y salga ese sol radiante…
nos llene la vida de colores.

Sopla el viento

Sopla y sopla tras la ventana
ese viento que arrastra la vida.
Cada día más lejos me lleva…
Mas alejada de la cordura humana.

Sopla y sopla en mi alma.
Arrastra las penas,
en eternos remolinos
sin alejarlas de mi lado.

Locura y cordura mezcladas,
telas de araña sin salida.
Trampas indecentes de la vida
con el sabor amargo de la muerte.

Sopla el viento, trae tambores de guerra,
suenan en lontananza.
Retumban los cañones…
Mueren a millares.

Sopla, y miramos a otro lado.
Por no ver los torbellinos,
que de hambre se van formando.
Niños que mueren, madres llorando.

Suenan cada vez más atronadores los lamentos
que nos trae ese mismo viento.
Lamentos de un mundo entero,
girando en espirales de locuras sin sentido.

Y cada día muero un poco y sueño…,
quizás con un imposible.
Que ese viento amaine.
Y al fin la calma llegue
y solo se oiga el silencio.

Tras los cristales empañados

Se cubre de un manto blanco,
el paisaje, bucólico y mágico.
Lo observas tras los cristales empañados
mientras las brasas chisporrotean entre los leños
Te sientes tranquilo,
estas protegido del gélido frio.

Amaneció de nuevo, no han dormido…
De nuevo el frio atenaza sus cuerpos,
acurrucados se apiñan, unos junto a otros
cubriéndose con las mantas que les han dejado.
Por el peso de la nieve, medio hundido está el techo
de la pequeña tienda montada entre otros refugiados.

No hacen nada, solo esperan poder empezar de nuevo.
No quieren perder la esperanza, pero ya no brillan sus ojos,
no tienen fuerzas para seguir avanzando…
Les llevan comida caliente, les alivia por un rato,
más el frio sigue allí, clavándose como puñales en su cuerpo.

Esquivaron las balas, las bombas no les alcanzaron.
Mas la nieve se vuelve bruna, se oscurece por momentos…
La parca no les abandona y los va atrapando poco a poco.
Lo vemos cada día y sin embargo nada hacemos…

Y ellos…

Los observan tras los cristales empañados
mientras las brasas chisporrotean entre los leños
Se sienten tranquilos,
están protegidos del gélido frio.

Índice

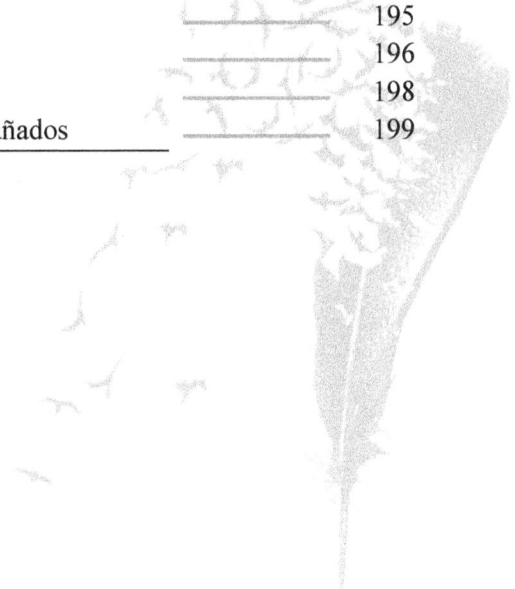

www.ingramcontent.com/pod-product-compliance
Lightning Source LLC
LaVergne TN
LVHW011347080426
835511LV00005B/180